孝经

好员工一定要学习

孙虹钢◎编著

北京理工大学出版社
BEIJING INSTITUTE OF TECHNOLOGY PRESS

图书在版编目(CIP)数据

好员工一定要学习孝经/孙虹钢编著. —北京：北京理工大学出版社，2011.5

ISBN 978 - 7 - 5640 - 4304 - 9

Ⅰ.①好… Ⅱ.①孙… Ⅲ.①家庭道德—中国—古代—通俗读物

Ⅳ.①B823.1—49

中国版本图书馆 CIP 数据核字(2011)第 033181 号

出版发行 / 北京理工大学出版社

社　　址 / 北京市海淀区中关村南大街 5 号

邮　　编 / 100081

电　　话 / (010)68914775(办公室) 68944990(批销中心) 68911084(读者服务部)

网　　址 / http://www.bitpress.com.cn

经　　销 / 全国各地新华书店

排　　版 / 北京天逸真彩图文制作有限责任公司

印　　刷 / 三河市华晨印务有限公司

开　　本 / 710 毫米×1000 毫米　1/16

印　　张 / 15

字　　数 / 220 千字

版　　次 / 2011 年 5 月第 1 版　　2011 年 5 月第 1 次印刷　　　　责任校对/陈玉梅

定　　价 / 29.80 元　　　　　　　　　　　　　　　　　　　　　　责任印制/边心超

图书出现印装质量问题，本社负责调换

《孝经》是中国古代儒家典籍名篇之一，从古至今有很多不同的版本。它是中国传统的十三经之一，也是十三经中最短的经文，总字数不到两千。但是，它却影响了中华民族两千年来的历史。在古代，它和论语一样作为启蒙读物，虽然它没有像论语那样有"半部论语治天下"的政治高度，但是它深入中华民俗文化，在民间有着广泛的流传和应用，支撑着中华民族社会群体道德的大厦，对中华民族的发展和强盛曾起着积极与重要的作用。

　　关于《孝经》最初的作者，有人说是孔子和子思子，但大多认为是曾子。《孝经》有古今文之分，在中国历史上还有好几本有古今文之分的经书，像《尚书》《礼记》《论语》等。这里所说的古今文不是文言文和白话文，而是隶书和篆书的区别。因为秦朝时期秦始皇焚书坑儒，大部分的经书被焚毁，到了汉朝，儒生凭借记忆又写出了经书。因为秦朝以前的经书都是用篆书所写，这些写出来的经书是用隶书写的，相对来说这些经书就叫今文经书。大概过了几十年之后，又有人在孔子的古宅中发现了一些用篆书所写的经书，这些经书就是古文经书。今文《孝经》和古文《孝经》有一些区别，古文孝经比今文孝经多出24个字，而且还多出了讲述女子行孝的内容——"闺门章"。收录在十三经注疏中的《孝经》是唐玄宗注释的今文《孝经》。虽然历史上曾有"古今文"之争，但是大多人比较认可的是唐玄宗注释的这个版本。

　　现在流行的版本就是唐玄宗李隆基注、宋代邢昺疏。全书共分18章，讲述的是五个不同等级的人，即天子、诸侯、卿大夫、士和庶人对于"孝"的不同理解和实施。比如说，天子应该祭祀，诸侯应该继承父辈的意志等，和今天所说的单单的赡养父母的孝还是有一定区别的。

　　《孝经》为儒家的经典之作，自西汉至魏晋南北朝，注解者不下百家。该书以孝道为主题，阐发了儒家的伦理思想，肯定"孝"是上天所定的规范，"夫孝，天之经也，地之义也"。借以指出，孝是道德的根本所在，"人之行，莫大于孝"。国君可以用孝治理国家，臣子可以用孝保持爵禄，普通老百姓可以用孝立身安家。《孝经》作为规范人们行为及思想的典范流传下来，其在维护社会和谐、弥补封建法律不足、规范人们行为、美化充实人们的心灵方面有着不可磨灭的贡献。

"老吾老以及人之老，幼吾幼以及人之幼"，如印深刻于中华文化中，这句话也反映出"孝"自古以来是中华民族的传统美德，维系着家庭和社会群体的道德准则；孝也曾在历史上被用来作为治国安邦的纲领，如"举孝廉""求忠臣于孝子之门"等。可见，《孝经》的社会影响力非同小可，对于充实人们的精神世界、净化人们的心灵有着重要的作用。重拾经典编写此本《孝经》现代解析本的目的，就是希望能够运用孝经的智慧，为当今迷失在物欲中的人们做出指引，让我们的家庭更幸福美满、社会更加安定和谐……

相信此本书不单单能够满足人们对于传统文化的阅读需求，它还会给人们积极向上的力量源泉。在编写方面，此书尽量多地通过解读范例来阐述，所以说它还有着深刻的指导意义。

在写作本书的过程中，我们参考了一些近年来出版的有关《孝经》的编著资料和实用案例，谨向原作者表示衷心感谢！限于笔者水平，书中难免有许多疏漏，敬请广大读者批评指正。

CONTENTS

目录

C
O
N
T
E
N
T
S

CONTENTS

CONTENTS

CONTENTS

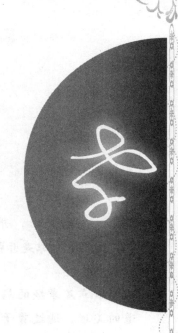

孝的意义

——开宗明义章第一

本章题解

　　开宗明义章：开，张也；宗，本也；明，显也；义，理也。这里说此章是开张一经之宗本，显明五孝之义理，所以为第一章。

　　本章是孝经的纲领，点出了全部孝经的宗旨，表明五种孝道的义理，通过曾子的提问和孔子的回答，全面阐述了孝的意义，旨在告诉人们：孝对任何人在任何时候都有着很高的意义，是自我修炼的必经之路，也是一个人"立身"之本。

经文释译

仲尼居①，曾子侍②。子曰："先王③有至德要道④，以顺天下⑤，民用和睦⑥，上下无怨⑦，汝知之乎？"

【注释】

①仲尼居：仲尼，孔子的字。孔子（公元前551～公元前479），春秋末期鲁国人，大思想家、教育家、儒家学派创始人。居，无事闲坐。

②曾子侍：曾子，即曾参，孔子的弟子。侍，地位低、年龄小的人陪在地位高、年龄长的人之侧。此处指侍坐，即在地位高、年龄长的人的坐席旁边陪坐之意。

③先王：此处指尧、舜、禹、汤、周文王、周武王等古代英明贤圣的国王君主。

④至德要道：至高的德行，重要的大道理。此处指孝道。

⑤以顺天下：用来使天下之人和顺。以，用来。

⑥民用和睦：人民因为这个原因，相亲相爱。用，因此。和睦，相亲相爱。

⑦上下无怨：尊卑上下，彼此不相抱怨。上，长者、位尊者，或者指做官的人。下，百姓、幼者、位卑者。

【译文】

有一天，孔子在他的家里闲坐着，他的弟子曾参，也陪坐在身边。孔子说："古代的圣王有一种崇高至极之德、要约至妙之道，用以治理天下，天

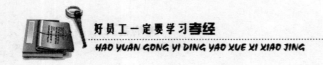

下的人民，都能够相亲相爱，上自天子，下至百姓，都不会仇视对方。这个道德的妙用，你明白吗？"

曾子避席①曰："参不敏②，何足③以知之？"

【注释】

①避席：起身离开坐席。古人席地而坐，表示尊敬则离席而起。此处指曾子聆听孔子教诲，表示由于恭敬而离席起立。

②参不敏：参，曾子称呼自己，表示尊师之意。敏，聪敏、灵敏。不敏，有迟钝的意思。

③何足：怎么能够。

【译文】

曾参听完孔子讲的这一段话后很有感触，不觉肃然起敬，起身离开他的座位，对孔子说："我曾参很鲁钝，不大聪敏，怎么能够知晓这样深奥的道理呢？"

子曰："夫孝，德之本①也，教之所由生也②。复坐③，吾语汝④。身体发肤⑤，受之父母⑥，不敢毁伤⑦，孝之始也。立身行道⑧，扬名于后世⑨，以显父母⑩，孝之终也。夫孝，始于事亲⑪，忠于事君⑫，终于立身⑬。《大雅》⑭曰：'无念尔祖，聿修厥德⑮。'"

【注释】

①德之本：德行的根本。德，德行。本，根本、基本。孝道是所有德行的根本，所以说是"德之本"。

②教之所由生：一切教化产生的根源。教，教化。由，自。

③复坐：返回坐席。曾子起立对答，故使返回原位坐下。复，返回。

④语：告诉。

⑤身体发肤：包括人身体的四个部分，即身躯、四肢、毛发、皮肤。

⑥受之父母：承受于父母。受，承受。之，于。

⑦不敢毁伤：不敢毁坏损伤。毁，毁坏。伤，伤残。

⑧立身行道：意为卓然自立，有所建树，且能遵行正道，不越轨妄为。立身，有所树立，不依赖任何人，即顶天立地。行道，依道行事。

⑨扬名于后世：使名声显扬于后世。扬名，显扬名声，此处为使动用法。

⑩以显父母：用来使父母显耀，光宗耀祖的意思。显，显耀。

⑪始于事亲：开始于孝顺父母。始，开始。

⑫忠于事君：然后把对父母的亲爱扩大开来，以奉侍君王，为国家服务，所谓"移孝作忠"。

⑬终于立身：（孝亲尊师，奉侍君长）最终做人行事问心无愧，圆满孝道。终，最终。

⑭大雅：《诗经》的一部分。《诗经》的内容，根据性质可分为"风""雅""颂"三种，"雅"又分"小雅""大雅"。"大雅"共三十一篇，大抵为西周时代的作品。

⑮无念尔祖，聿修厥德：怎么能够不追念你的先祖呢？那就一定要提高自己的修养，发扬光大先祖的美德。这是《诗经·大雅·文王篇》的诗句。祖，在《诗经》里多指文王，引申为祖先。尔，你。聿，发语词。（一说：聿，述，遵循。）厥，其，指文王。修，修养。

【译文】

孔子对他说："前边所讲的至德要道，就是孝道，这个孝道，便是德行的根本、教化的出发点。你先坐下，我慢慢地告诉你。你要体念爱亲，先要从自己的身上爱起。凡是一个人的身体，哪怕是很细小的一根头发和一点皮肤，都是父母遗留下来的。身体发肤，既然承受之于父母，就应当体念父母爱儿女的心，保护自己的身体，不敢让其稍有毁伤，这就是孝道的开始。一个人的本身，既站得住，独立不倚，不为外界利欲所摇夺，那他的人格，一定符合标准，这就是立身。做事的时候，他的进行方法，一切都本乎正道，不越轨、不妄行，有始有终，这就是行道。他的人格道德，既为众人所景仰，不但他的名誉传诵于当时，而且还会播扬于后世，无论当时和后世，将因景慕之心，追根溯源，兼称他父母教养的贤德。这样一来，他父母的声名，也因儿女的德望光荣显耀起来，这便是孝道的完成。这个孝道，可分成三个阶段，幼年时期，一开始，便是承欢膝下，事奉双亲。到了中青年，便要充当公仆、替长官办事，借以为国尽忠、为民众服务。到了老年，就要检查自己的身体和道德品格，没有缺欠，也没有遗憾，这就是所谓的立身，这才是孝道的完成。《大雅》篇《文王》章有两句话说：'你能不追念你祖先文王的德行？要追念你祖先文王的德行，你就得先修持你自己的德行，来传承发扬他伟大的德行。'"

解读运用

先王有至德要道，以顺天下，民用和睦，上下无怨。汝知之乎？

【经言礼论】

这句话以提问的形式，作为本章的引子，点出孝与道德的关系、孝与匡治天下的关系、孝与处理好上下关系的关系等。同时，本句话也是《孝经》全文的楔引，有着统领全文的作用。

试想，一个人如果有了一个放之四海而皆准的神通妙用法门，那么这个人将怎样惬意？他的人生又是怎样幸福呢？而这个法门是什么呢？是"孝"。

封建统治为了更好地统治人民，把孝提高到和忠君爱国同样的地位，强化了孝的作用并曰：孝为百善之首。虽然有点愚民的味道，但正是如此，它建立了中国几千年的宗族关系秩序，使得经历了数次分分合合的中华民族始终向往统一，使得古老的中华民族文化能够流传至今而经久不衰……

【故事演绎】

完美的孝道

鲁恭，字仲康，东汉扶风平陵人（今陕西省咸阳西北），是历史上一个很有名望的人。为了等待弟弟成名，他不出仕的故事一直被人们津津乐道。

鲁恭的父亲曾任光武帝时的武郡太守多年，后来因病逝世。鲁恭当时十二岁，弟弟鲁丕只有七岁。他们俩非常孝顺，从早哭到晚，拒绝接受官府给予的帮助。回到老家后，他们把父亲安葬了，然后一心一意地为父亲守丧，所有礼节都准备得很充足，做得很到位，甚至有很多事情比大人们想得还要周全。乡亲们都非常看好这两个孩子。等到服丧三年期满，鲁恭已经十五岁了，他和母亲、弟弟三人相依为命，住在太学，闭门读书。兄弟俩学习认真、勤奋，因此，他们的进步可谓是芝麻开花节节高，受到了人们的普遍称赞。官府得知了鲁恭的才学，就屡次请他做官，但鲁恭认为，弟弟年纪尚小，如果自己先奔赴功名，那就不能每天鞭策弟弟进取，会影响弟弟的进

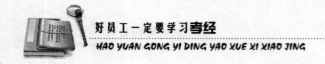
步。所以，他想等到弟弟成名立业那一天，再施展自己的抱负。故此，每次都借口自己身体不好，来推脱官府的招聘。

母亲知道其中缘由，要求他必须去当官做事。无奈之下，鲁恭只好去外地教书。终于等到弟弟鲁丕被举为孝廉的那一天，鲁恭才改变以往的态度，去官府作了一名郡吏。

一个人对功名利禄的追求，可以说是与生俱来的。但鲁恭为了督促弟弟成名、激励弟弟成长，就一直等待，他的隐忍之心是很难得的。他并不是淡泊名利之人，但他是以另一种方式去追求他的名利。母亲让他做官，他则去当了教师，这并不是他不孝顺，也不是他不想当官，而是他以自己的行为来鞭策弟弟。他知道只有他和弟弟两个人都功成名就了，才算是真正尽到了完美的孝道，才是真正地光宗耀祖，才能让唯一活着的高堂老母没有遗憾。父母的心思都集中在子女身上，只要有一个子女不成材，父母总会觉得是块心病。让父母放心子女，并以每个子女为荣耀，这才是对父母真正的"孝"。"孝"能够让父母心态平和、快乐开心，从而能让一个家庭变得幸福，让社会变得和谐。

刘邦治天下从孝道开始

刘邦马上得天下以后，就有点得意忘形了。这时，有一个臣子上奏说，马上得天下，却不能在马上治理天下。刘邦听闻后，结合秦朝暴政亡天下的道理，反其道而行之，开始推行孝道来治理天下，并且自己率先树立了典型，尊奉父亲为太上皇。

刘邦的父亲虽然被奉为太上皇，住进了皇宫，但却"时凄怆不乐"。刘邦问左右此中的缘故。左右答道："因为太公平生所喜好的都是'屠贩少年，沽酒卖饼，斗鸡蹴鞠，以此为乐'，如今这些却都没有了，因此闷闷不乐。"于是，刘邦就兴建丰地。建好以后把太公原来结交的那些老朋友都接过来住在那里，太公这才高兴了。

刘邦还每五天就去朝见一次自己的父亲——太公，行礼还是和普通人家的父子一样。太公的管家劝太公说："您不应该让君主来拜见臣子。"以后高祖刘邦再来时，他的父亲——太公就提前抱着扫帚，扫干净门口的路面，一见到刘邦到来，就倒退着来迎接刘邦。刘邦见状大惊，忙下车扶起太公，追问究竟。太公说："帝，人主也，奈何以我乱天下法！"于是，刘邦便下诏："人之至亲，莫亲于父子。故父有天下，传归于子；子有天下，尊归于父，此人道之极也。"

后来，未央宫落成，刘邦置酒庆祝，还捧起玉杯为父亲"太上皇寿。"太上皇在栎阳宫逝世，刘邦还因此赦免了栎阳的囚徒，并把郦邑的名称改为新丰。

刘邦推行的孝治政策，对汉初社会关系的稳定、促进经济发展起到了一定的作用，刘邦之后的子孙也悟出其中的道理，很会用孝来治理天下。汉武帝时，开始举孝廉，把孝治进一步地推广开来，使得刘汉的天下变得更加巩固。这些做法还被后来的朝代所模仿，如：隋文帝曾下诏说"孝悌有闻，人伦之本；德行敦厚，立身之基。"；唐代从高祖李渊开始就宣扬孝道；宋太祖赵匡胤在征战之中，也不忘召见太原孝子刘孝忠；明代的朱元璋称《孝经》是"孔子明帝王治天下之大经大法，以垂万世"……几乎汉朝以后的每个朝代都推行了以孝治国的政策。

毛泽东为母进香

毛泽东（1893～1976），是伟大的无产阶级革命家、战略家和理论家，中华人民共和国的主要缔造者和领导人。毛泽东小时候就是一个非常孝顺父母的孩子。一次，毛泽东的母亲生病了，毛泽东长途跋涉来到南岳进香，祝愿母亲早日康复。

毛泽东是毛家的第三个儿子，因为毛泽东的母亲婚后生的前两个儿子，都先后夭亡了。毛泽东出生没有多久，母亲便请人替他算八字。算命先生说毛泽东八字硬，必须要拜个干娘才能保平安无事。母亲平常信神拜佛，唯恐再次痛失儿子，于是经常背着年幼的毛泽东四处求神拜佛，祈求神灵保佑平安，并且开始吃"观音斋"。

自八岁起，毛泽东就跟随他的母亲到南岳衡山赶庙会、进香，一直到十五岁，他都把敬神、拜佛当作自己初一、十五的"基本课"。毛泽东在1959年6月重返韶山旧居时，指着堂屋正中摆着的神龛风趣地说："这就是我初一、十五工作过的地方。"每年的中元节至重阳节，是南岳进香的高潮期，特别在农历八月初一和中秋节，更是人山人海。每年此时，母亲都会带着少年毛泽东与乡邻们结队来进岳朝圣。朝圣前几天，母亲照例会在家里吃"观音斋"，表示虔诚。在延安时，毛泽东曾对他的老同学萧三说："我小时候，特别崇敬母亲，母亲叫我干什么，我就干什么；母亲去哪里，我总跟到哪里。走亲访友、赶庙会、烧香纸、上贡、拜菩萨，我都和母亲一块去。母亲信神，我也信神。"可见，与其说毛泽东信佛，还不如说这是毛泽东对母亲的深深崇敬。

在少年时代，除跟随母亲多次到南岳衡山进香之外，毛泽东还自己单独去过南岳进香。据《毛泽东革命年谱》记载："1908年，因为母亲生病，毛泽东跋涉一百多里，专程到南岳衡山去'朝圣进香'。"毛泽东那年只有十五岁，因为母亲生病了，他和弟弟为母亲许了去南岳衡山烧香的大愿，为了让菩萨保佑生病的母亲早日摆脱病魔，他们兄弟便决定早日去南岳衡山进香。

"朝山进香"的路，从毛泽东的家乡到南岳衡山，要走好几百里。出发那天，毛泽东和弟弟准备好随身携带的干粮，天还没亮就上路了。他这次进香的艰辛很少有人能够体会，那不是一般的"求神拜佛"，而是去"朝山拜香"。按照当地拜香的习俗，一般为三步一跪，五步一拜，但很多人只是过桥、过河，遇到祠庙才拜的。毛泽东这次朝拜非常虔诚，每走十来步便要朝南岳方向跪拜一次，边走还边唱朝香的歌："志心虔诚皈命礼，朝拜南岳大天尊。一拜天高并地厚，玉烛调和雨露淋。二拜五星并日月，万物全凭化育恩……十拜父母恩深重，一心朝拜祝融峰。十月怀胎及教养，万般难报父母心。自古劬劳恩难报，保香一炷表微忱。保香烧在金炉内，保佑父母永延龄。瓣香千里朝南岳，一点诚意通神明……"就这样，经过三天的艰难跋涉，毛泽东兄弟来到南岳大庙门口的时候，身上衣服都破了。他们在南岳大庙圣帝殿虔诚跪拜，为母亲还了大愿之后，又不辞劳苦，沿着南岳的山路继续往上攀，直达祝融峰，在祝融峰顶上的祝融殿再次为母亲许愿，求菩萨保佑母亲身体健康。从南岳进香回来之后，毛泽东母亲的病竟然奇迹般地好了。不久后，毛泽东和两个弟弟毛泽民、毛泽覃，又一起抬着母亲到南岳衡山还愿。

毛泽东早年随母亲一起崇敬佛教的故事，体现了毛泽东热爱母亲、坚守孝道的高尚品质。正是这些基本的品质，造就了他日后博爱、乐观、仁慈的个人品格，影响了他的世界观和人生观，也成了他后来以天下为己任，领导中国革命取得胜利的因素之一。

身体发肤，受之父母，不敢毁伤，孝之始也。

【经言札论】

人的身体和毛发是来自于父母的，爱惜自己的身体就是对父母的一种孝敬。因为父母最不愿看到的就是子女生病，或者白发人送黑发人的场面。所以说人们要爱惜自己的身体，不要让父母为自己担心。其实，这不仅是孝的开始，而且也是一切美德和成就的开始。如今就有很多人，为了工作忘了身体，因而英年早逝。还有很多人不洁身自好，打架斗殴、吸毒等，最后身陷囹圄，甚至以身试法。除了哀叹之外，肯定都会说悔不当初，而这个"当初"就是没有爱惜自己的身体。

【故事演绎】

曹操割发代首

一千多年前曹操"割发代首"的故事，作为领导人遵纪守法的典故流传至今，在今天依然有很重要的影响。我们知道，古代人们把头发看得很重要，认为身体发肤，受之父母，如果不小心损伤了，那就等于做了对不起父母的事。

曹操带兵军纪十分严明，并且自己率先树立榜样，带头遵守。因此，曹操的军队很快就消灭了多股强大的军阀割据势力，统一了中国北方。他看到由于连年战火，中原一带的人民流离失所，田地荒芜，于是下令让士兵和老百姓开荒屯田。很快，荒芜的土地长出了庄稼，老百姓安居乐业了，士兵也有了充足的军粮，为进一步统一全国提供了基本保障。但是，有些士兵不懂得爱护庄稼，常有人在庄稼地里放任马匹乱跑，踩坏庄稼。曹操知道后很生气，下了一道极其严厉的命令：全军将士，一律不得践踏庄稼，违令者斩！

将士们都知道曹操军法严格，令出必行，令禁必止，绝不姑息宽容。所以，此令一下，将士们都十分小心，唯恐犯了军纪。将士们操练、行军经过庄稼地旁边的时候，非常小心，如履薄冰地通过。有时，他们看到路旁有倒伏的庄稼，还会过去扶起来。

有一次，曹操骑在马上，率领士兵们行军打仗。正巧那时候是小麦快成熟的季节，他望着一望无际的金黄色麦浪，心里十分高兴。正当曹操骑在马上高兴的时候，突然"扑棱棱"的一声，从路旁草丛里窜出几只野鸡，从曹操的马头上飞过。曹操的马被这突如其来的情况吓了一大跳，狂奔起来，不择道路地跑进了附近的麦田里。等到曹操使劲勒住了惊马的时候，田地里的麦子已经被踩倒了一大片。看到眼前的情景，曹操叫来了军队里执法的官员，十分认真地对他说："今天，我的马踩坏了麦田，违犯了军纪，请你按照军法给我治罪吧！"

听了曹操的话，执法官思量起来了。按照曹操制定的军纪，踩坏了庄稼，不管是谁都要治死罪的。可是，曹操是主帅，位及丞相，全国上下除了皇帝就数他大，而且汉室微弱，国家实际上的统帅就是曹操，况且军纪也是曹操制定的，怎么能治他的罪呢？想到这，执法官对曹操说："丞相，按照古制'法不加于尊者'，您是不必领罪的。"又说："丞相，您的马是受到惊吓才冲入麦田的，并不是您有意踩坏庄稼违犯军纪的，就免于处罚吧！"

"不！你的理不通。军令就是军令，怎能分什么有意无意，如果大家违犯了军纪，都去找一些理由来免于处罚，那军令不是就成一纸空文了吗？军纪人人都得遵守，我也不能特殊。"

执法官头上冒出了汗，思索了一番说道："丞相，您是全军的主帅，如果按军令从事，那谁来指挥打仗呢？再说，朝廷不能没有丞相，老百姓也不能没有您呐！"众将官见状，也纷纷上前哀求，请求曹操不要自己处罚自己。曹操见大家求情，沉思后说："我是主帅，治死罪是不适宜。不过，不治死罪，也要治活罪，那就用我的头发来代替我的首级（即脑袋）吧！"说完他拔出了宝剑，割下了自己的一缕头发。

这种以发代首的行为，在历史上还有很多。除了体现实施刑罚要公正外，还说明了中国古代人对于身体发肤的重视。

中元节的由来

中国古代人认为佛教不讲孝道，理由就是佛教把受之父母的身体发肤——头发给剃光了。但是，佛教也是讲究孝道的。印度最为著名的阿育王曾经说过，"应该服从父亲和母亲，同样也应该服从年长者"。这些话与《孝经》中的说教相似。

印度有一部《盂兰盆经》，是印度佛教的经典之一。《盂兰盆经》传到中国后，有人将它比作为印度的《孝经》，字数约800，这点和《孝经》很相似，只不过，孝经是分篇章来说理讲孝，而《盂兰盆经》整篇讲了一个故

事。故事是这样的：

释迦牟尼的弟子目连，通过勤奋学习、刻苦修炼，取得了佛家的六神通。六神通之一是天眼通，就是能够看到别人看不到的东西。目连用练就的天眼看到了母亲在地狱里受到恶鬼的折磨，瘦得不像人样，非常心痛。于是，目连赶紧施法术，送给母亲吃的，母亲虽然得到了吃的，但是当食物送到嘴边的时候，食物马上就变成了火炭，根本不能吃。

目连见此情景，更是悲痛欲绝，于是向释迦牟尼求助，希望佛祖能够告诉自己拯救母亲的方法。佛祖告诉目连，办法是有的，就是在七月十五（阴历）这天，多预备一些百味饮食，放在盂兰盆中，供养众僧，这样就可以借助众僧的力量救出母亲。目连按照如来说的去做了，结果真的救出了母亲。于是，目连就问佛祖，其他人是否也可以这样，集百味，施舍于众僧，然后就能够救出自己的母亲呢？佛祖告诉目连任何其他人，只要他一心向佛，采取同样的方法，一样能够救出自己的母亲。

可以看出，这部《盂兰盆经》在劝人信佛的同时，教人尽孝。

《盂兰盆经》传到中国后，人们就把七月十五这天设成了一个节日，中元节（和正月十五、十月十五合称三元）。到了这天，无论僧俗都会参加。活动有做法事、还愿、答谢父母的养育之恩等。从现在记载的文字看，其大部分是描述中元节这天佛教教徒做法事的场面，和怀念父母之恩的作品。

剃发不孝？

"南朝四百八十寺"。中国在南北朝时期，寺庙真的是多如牛毛。因此，做和尚的也非常多，而做和尚就要剃发。中国的传统观念是"身体发肤受之父母，不敢毁伤"。在当时就发生过好几次要不要剃发的辩论。认为不该剃的，是觉得佛教与中国的传统孝道是背道而驰的。虽然当时的辩论不只是说应不应该剃发的问题，但是却因此而成为反对者最有力的一个证据。因为出家是一种回避、隐居，这样，父母就没人孝养了，君王也没人去辅佐尽忠（忠是孝的另一种表现）了。

当然支持出家的人也有他们的理由，或者说是佛门自己的看法辩解。梁释僧佑编辑的《弘明集》中有这样的论断：

传统的孝道说割股疗亲是孝道，但是割股疗亲是很严重的毁伤行为，而剃发只能算是小儿科的毁伤行为。何以剃发就不孝，而割股疗亲却是孝呢？

还有一个东汉的牟蓉替佛教徒剃发辩护。他写的文章中说：

有个齐国人在乘船过河的时候，他的父亲掉到水里去了，齐人将父亲救起来后，就将父亲的头倒过来，让水通过口流出来，这样就救了父亲。牟蓉以此为例说，齐人将他父亲的头倒过来是大不孝。但是，他救了父亲的命，从这一点来说，齐人是对的。

牟蓉又引用孔子的话说："可与适道未可与？权所谓时与宜施者也。"意思是说是否合乎道理就不要讲了，主要是看当时的具体情况，要因时因地制宜，不可死守规矩不知道变通。牟蓉以此来驳剃发不是不孝，很有说服力。问题是风俗习惯是没多大道理的，从古以来人们认为，割股疗伤是孝，而剃发是不孝。

曾子爱惜身体

曾子也就是《孝经》的作者，"二十四孝"中就有他的故事。他作为一个孝子，非常爱惜自己的身体，到死都念念不忘要让自己的体肤完好。

曾子临死前，只牵挂两件事，一件事就是易箦，箦就是睡觉的竹席。

曾子是孔子的弟子，对于孔子所提倡的礼制从不怠慢。临终前，季孙赐给曾子竹席，曾子未来得及换上就已经动不了了。按照当时的礼制，人死之

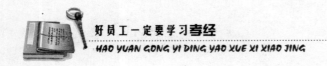

时应当寿终正寝，对于曾子来说死在竹席上，表示死得很庄重。曾子当时就要求更换竹席，儿子曾元认为不可，原因是曾子当时的身体翻动已经很困难了。曾子坚持要换，认为这样不更换竹席的话，就此死掉是违反礼制的。于是曾元，曾申和当时在旁边的他的弟子，将曾子移到了竹席上了。曾子经此一翻身就很快离世了。

另外一件让曾子牵挂的事就是临死前身体发肤要完好无损，这也是当时作为孝子，必须做到的孝道行为之一。他对当时在他身边的学生说："启予手，启予手！诗云'战战兢兢，如临深渊，如履薄冰'。"曾子的意思是要弟子掀开席子，看看作为老师的他在死时，身体是否依然完好。曾子一辈子为保护好自己的身体一生都小心谨慎。为此他引用《诗经》中的名句，来表示自己这一辈子保护自己、爱惜自己，也借此告诉弟子作为孝子至死都要使自己的身体不被损害。他的弟子子春谨记他的教诲。后来当子春的脚受伤的时候，他很小心谨慎，连续多日不出家门，以至于连他的学生都感到不可理解。

夫孝，始于事亲，忠于事君，终于立身。

【经言札记】

孝的真谛是什么？孝其实就是一种能让人类好好延续的品格，起着教化社会风气的作用，所以古人说"求忠臣于孝子之门"，现在人说"选好丈夫于孝子之门"……

【故事演绎】

品德的铸就从孝敬父母开始

茅容，字季伟，东汉河南陈留人。茅容是个实实在在的庄户人，靠自己辛勤的劳作奉养母亲。有一天，在他耕种的时候，突然天降大雨，他被困在了一棵大树下。其他来躲雨的人都站没站相，坐没坐相，谈吐粗俗，只有茅容一人穿着整洁，坐姿端正。这时，名士郭林宗恰巧路过此地。郭林宗博通经典，弟子众多。他发现茅容气贯不凡，就主动与茅容交谈，结果二人非常投缘，相谈甚欢，不知不觉中天已经黑了。于是，郭林宗随茅容回家住宿。次日清晨，郭林宗见茅容杀鸡炖汤，以为是要款待自己，没想到茅容却把炖熟的鸡分成两份，一份给他的母亲吃，另一份则收了起来，用来招待自己的只是山肴野蔬。郭林宗看到茅容把好东西留给母亲的孝心，深受感动，并赞赏道："真是一位难得的贤人啊 我要和你成为好朋友，以后常常往来。只要你愿意，可以跟我学习圣贤之道。"后来，茅容在郭林宗的指导下，成为了一名学问品行并重的人。

很多成功人士的成就都是与他们的高尚品格有着紧密联系的，而品格的好坏怎么分辨呢？百善孝当先，一个人品德的铸就是从孝敬父母开始的。

成章寻母

杨成章，明朝道州人。父亲杨泰是浙江长亭巡检，因妻子何氏没有孩子，所以纳丁氏女为妾，并生下了杨成章。

成章四岁的时候，父亲杨泰就去世了。丁氏的父亲把成章交给何氏，带走了女儿丁氏。丁氏走之前把一枚银钱一分为二，自己和何氏一人留一半，等成章长大之后交给他。十年过去了，何氏临死前，把半枚钱的来历告诉了成章，并交给了他。成章悲伤地接过那半枚银钱。长大成人后，成章婚后一个月，就拿着半个银钱到浙江去寻找生母丁氏。

　　生母已经改嫁到了东阳郭家，并生有一子郭珉。成章不知道后来发生的事，到处寻找原来的丁氏，自然找不到了。同时，丁氏也在四处打听成章的下落。后来，她终于知道成章中了秀才，就让郭珉带着自己珍藏的半枚银钱去找哥哥。兄弟俩终于在江西相遇了，各自拿出半枚银钱合二为一。二人心头百感交集，拥抱相认。成章随弟弟去东阳看望生母，并欲接生母回自己家，但是母亲没有同意。后来多次迎接，也没有成功。成章并不气馁，他放弃了求学的机会，到东阳一心奉养母亲。

　　母亲去世后，成章和弟弟郭珉先后到京城考取了功名。当时的皇帝得知这件事，特别下诏书封成章为国子学录，还赐给郭珉许多花红洋酒。

　　建功立业尽管是重要的一环，但是在一个孝子心中，首先是侍奉好自己的父母。"父母在不远游"，这是中国的一句古话。一个连自己父母都不孝敬的人又如何会对国家尽忠呢？所以，"孝"是一个人事业的起点，只有在家庭尽到了孝的义务，才能更好地服务社会、成就自身。

博爱广敬 推己及人

——天子之孝章第二

本章题解

天子，古代统治天下的君主。意为接受天命而治理人民，是天帝之子。

本章以尊贵的天子尽孝为内容，来讲天子也应该有他的孝道，一国的元首尽孝道的话，就能够感化众人，可以起到上行下效的感化作用，故为五孝之冠。

经文释译

> 子曰："爱亲者①，不敢恶于人；敬亲者②，不敢慢于人。"

【注释】

①爱亲者，不敢恶于人：敬爱自己父母的人，不敢憎恶别人的父母。恶，音wù，厌恶，憎恨。

②敬亲者，不敢慢于人：尊敬自己父母的人，也不要轻易怠慢别人的父母。慢，轻慢，怠慢。

【译文】

孔子说："敬爱自己的父母，就不会对他人的父母有一点厌恶；尊敬自己的父母，就不会对他人的父母有一毫的怠慢。

> 爱敬尽于事亲，而德教加于百姓，刑于四海①，盖天子之孝也。《甫刑》②云："一人有庆，兆民赖之③。"

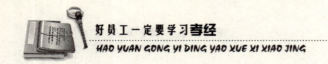
【注释】

①刑于四海：作为天下的典型。刑，通"型"，法则，模范。四海，古代人认为中国四境环海，故称四方为四海，即天下。

②甫刑：《尚书·吕刑篇》的别名，为吕侯所作。吕侯，又叫做甫侯，是周穆王（武王第四代孙）的臣子，为司寇。穆王命他作书，取法夏时轻刑之法，以布告天下，故又名甫刑。

③一人有庆，兆民赖之：天子一人有善行，天下亿万的民众都会仰赖效法他。一人，指天子。庆，善事。此处指爱戴尊敬父母的孝行。兆，十亿。（一说：兆，万亿。）

【译文】

竭尽爱敬地诚心侍奉父母，尽到自己父母的身上，他的身教之德，如风吹草，自然风行草偃，会很快地普及到百姓身上，这就是天子的孝道。外国人看见了，也要模仿实行，争相取法。大概这就是天子的孝道吧？《尚书·甫刑》篇上说："天子一人做好了孝道这个善行，天下万亿的民众就都会仰赖（进而效法）他。"

解读运用

爱亲者，不敢恶于人；敬亲者，不敢慢于人。

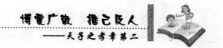

【经言札记】

此句是一种推己及人的说法，其延伸的意境既有孔子所说的"己所不欲，勿施于人"，又有孟子说的"老吾老以及人之老，幼吾幼以及人之幼"，一语中的地阐述了孝要怎么去做。

【故事演绎】

舜爱亲敬亲

舜，传说中的五帝之一，姓姚，名重华，号有虞氏，史称虞舜。相传他的父亲瞽瞍及继母和同父异母的弟弟象，多次谋害他。但舜非常聪明，每次他都能安全地渡过危难。

有一次，瞽瞍让舜去修补谷仓仓顶，却从下面纵火烧谷仓，舜手持两个斗笠乘着大风跳下谷仓而逃脱。还有一次，瞽瞍让舜掘井，待井掘深，瞽瞍与小儿子象却在上面埋土填井，舜便另掘地道，再次脱险。

至于为什么一家人都想要舜死，已无从考察。可以猜想到的是，继母是主谋，继母虐待继子容易让人理解，弟弟在继母的教唆下，本身也可能品行不好，以至于加害哥哥；亲生父亲要将他置于死地，也可能是受了继母的教唆，或者继母和舜的弟弟合起来栽赃，总之是很令人费解的。不过还有另外一说，"父顽"被解释成父亲老实、懦弱，这样就起不到当家主事的作用，以至才让继母肆意而为，或瞽瞍本就是一个耳根子软的人，但这样说就远了，故事的重点并不在此。

父亲与继母愈恶，反衬得舜愈孝。

舜在一家人这般对待自己之后，却没有丝毫怨恨，仍对父母恭顺，不失孝道，对弟弟始终关爱有加。于是他的孝行感动了天帝，当舜在历山下耕种

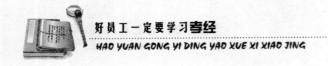

时，有大象替他耕地，有鸟儿代他锄草。这些奇迹又被人间帝王尧所听闻，于是带领着百官前去看望舜，还让自己的九个儿子来侍奉他，把两个女儿娥皇和女英同时嫁给了他，任命他为百官之首——宰相，以检验他的德行和才干。经过多年观察和考验，尧选定舜做了他的继承人。

舜帝做了王之后，他的后母因为年迈，眼睛就像他的父亲一样也变瞎了。据说舜帝抱着后母的头，用他自己的舌头为她舔眼睛，最后他的后母眼睛复明了。

对现在的人们来说，有关舜孝敬父母的故事不无现实意义。舜对家人对自己的虐待与祸心一点都不怨恨，体现的是一种宽恕的精神，一种隐忍的精神，于是就有"忍人之所不能忍"，最终"成人之所不能成"的人生智慧。这对于一个要掌管天下的帝王来说，是一个很必要的条件。既然尧要禅让给一个能把天下管理好的人，舜的行为当然说明了他是一个不错的人选。而作为一国之君，舜的孝行更能够感染百姓，为社会渲染一种良好的风气。事实也证明舜帝治理的国家百兽率舞、四海乘风，一片莺歌燕舞的气象。舜成为了历史上被人颂扬的最有名的有德之君之一。

周文王寝门三朝

周文王姬昌，对父母非常孝敬。在他还是世子时，对自己的父亲服侍得非常周到尽心，每天都要去给父亲请三次安。在天刚蒙蒙亮的时候就开始穿衣梳洗，整装完毕之后，就早早地来到父亲卧室门前恭候。他首先要询问服侍父亲的小臣："我父亲今天是否安好？心情怎么样？"服侍的小臣如果回答"很好"，那么文王就会非常高兴。到了中午还要同样去请安，晚上也是如此，没有一天不是这样的。如果听到父亲的身体不舒服，或者是心情不好，就会非常担忧，难过得路都走不好，无时无刻不为父亲的健康和快乐忧心。什么时候看见父亲能吃饭了、心情好了，行动才能恢复正常。在父亲吃饭的时候，上菜之时必然先要看饭菜的冷热是否符合季节天气；父亲吃完饭

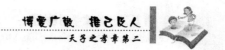

之后，必然要问侍从父亲吃饭的情况，一切都问完办好之后，在确定父亲没有任何不适和不快的情况下，自己才会离开。

作为一国之君，文王这片至诚的孝心和对父亲无微不至的关爱自然成为百姓效仿的楷模，他的治理也得到了百姓的一致认可，自己更成为受万世瞻仰的圣君。

爱敬尽于事亲，而德教加于百姓，刑于四海。盖天子之孝也。

【经言礼论】

教化如同春风沐浴那样，能够让周围的社会风气变得越来越好，如果刚刚好这个人是翘首，那么景从、效法的人就会越来越多。一个好的将领肯定能够带出更多好的将士来。

【故事演绎】

汉文帝亲尝汤药

汉文帝刘恒，是汉高祖的第三子，为薄太后所生。高后八年（公元前180年）即帝位。文帝侍奉母亲从不懈怠，母亲卧病三年，他常常夜不闭眼、衣不解带地精心照料。母亲所服的汤药，他亲口尝过后才放心让母亲服用。他以仁孝之名，闻于天下。他在位二十四年，重德治，兴礼义，注意发展农业，使西汉社会稳定，人口增加，经济得到恢复和发展，后世史学家誉为"文景之治"。

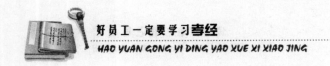
在二十四孝中帝王有二，其一为舜，其二就为汉文帝刘恒了。汉文帝是一个孝子的典范。古人说得很清楚，"孝"就是对父母养育之恩的一种回报：父母给你生命，所以你要善待父母的生命；父母宁愿自己挨饿受冻，也要让儿女吃饱穿暖，所以作为儿女的也要照顾父母的温饱；儿女在父母怀抱中有三年时间完全不能自立，完全依赖父母而生存，所以父母死后儿女要守孝三年。

父母对子女的关爱在范围上是无限的，父母对子女的照顾在时间上也是无限的。面对这广大而无限的"慈"，子女照顾父母，是理所应当的。

对待自己的母亲，汉文帝做到了"目不交睫，衣不解带"，一个皇帝能够在母亲生病时"亲尝汤药"，这种至孝的行为自然能够成为万民表率，在无形中起到以身作则的教化作用。这就应了孔老夫子所说的"一人有庆，兆民赖之"那句话。

朱元璋以孝规定新礼制

提到朱元璋，都知道他是一个杀害功臣最多的皇帝，他的确是中国历史上为数不多的、最狠毒的皇帝之一，虽然史学界普遍认为政治上的屠杀有其特殊性。后世总是贬斥他如何杀害大臣，并且对他的乞丐出身问题颇有微词。

不过要是都这样看待朱元璋，无疑是不全面的。朱元璋作为至高无上的皇帝，动辄斩杀、廷杖大臣，但同时他又是一个颇有孝心的人。在中国历史上，自称为孝子皇帝的第一人。

朱元璋登基的第二年，就下诏书，规定皇帝只能够称为孝子，至于皇太子要称为孝元孙皇帝或孝曾孙嗣皇帝。朱元璋每年都要参加主持太庙的祭祀活动，有一次，朱元璋不能自持，在大臣面前流下了眼泪，参与祭祀活动的其他大臣受到感染，也不自觉地流下了眼泪。朱元璋为了教育子孙，便叫人绘制了《孝行图》，让子孙朝夕观览，牢记前辈的孝思孝行。朱元璋讲孝，竟至于把两千多年来的丧礼给修改了。

洪武七年（1374），朱元璋的妃子成穆贵妃孙氏去世了，死时年仅32岁，无子。按照《礼仪》的规定，孝子的父亲若是还活着，孝子只能够为母亲服丧而不能够为庶母服丧。依照这个规定，穆贵妃就没有孝子为她服丧了。朱元璋认为这个规定不合理，就叫来太子师傅宋濂在历史上去找依据。宋濂不愧学富五车，他很快就在历史资料中找到了二十四个孝子自愿为庶母服丧的例子，其中自愿服丧三年的有二十八人，愿意服丧一年的有十四人。

朱元璋见历史上有先例可以遵循，就说既然历史上自愿服丧三年的比一年的多出一倍，那么这些孝子都是出自天性，为庶母守孝三年应该立为定制。于是，他当即叫朝臣们做《孝慈录》一书，做了一些新的规定，规定子女都得为父母服丧三年；嫡子、众子都得为庶母服丧一年。于是，朱元璋就把周王朱橚过继为成穆贵妃孙氏的儿子，为她服丧三年，其他诸王都得为成穆贵妃服丧一年。

康熙孝顺

康熙之孝顺祖母，不独自有帝皇以来从未有过，即使是平常百姓家也是非常罕见。

康熙二十四年（1685）八月二十八日夜四更时分，孝庄文皇后突然得了中风病，右侧身瘫痪，右手伸展不直，说话已经不能说清楚。此时玄烨（即是康熙）正在外地巡视，留在宫门照顾太皇太后的福全迅速将太皇太后得病、医治情况飞报皇上。康熙得知祖母患病后，心急如焚，昼夜兼程赶回宫中。从九月初二到九月十七十六天中，看望祖母达三十次之多。

康熙二十六年（1687）十一月二十一日，孝庄文皇后再一次病倒，而且病情很重。玄烨昼夜守候在祖母的病榻旁，衣不解带，"隔幔静候，席地危坐。一闻太皇太后声息，即趋至榻前。凡有所需，手奉以进"。为了给祖母治病，玄烨"遍检方书，亲调药饵"。每次祖母吃药前，他先"亲尝汤

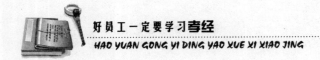
药"。一连熬了35个昼夜，身体变得非常消瘦。他传谕内阁："非紧要事勿得奏闻。"十二月初一日，玄烨决定为了祖母的康复祈祷上天，地点选在了离皇宫近三里的天坛。为了表示自己的虔诚，玄烨不骑马，不乘轿，步行到天坛，跪在地上，面对上苍，虔诚地恭读自己亲自撰写的祝文：

嗣天子臣玄烨敢昭告于皇天上帝曰：臣仰承天佑，奉事祖母太皇太后，高年荷庇，藉得安康。今者，疹患骤作，一旬以内，渐觉沉笃，旦夕可虑。臣夙夜靡宁，寝食捐废，虔治药饵，遍问方医，罔克奏效，五内忧灼，莫知所措。窃思天心仁爱，覆帱无方，矧臣眇躬，夙蒙慈养。忆自弱龄，早失怙恃，趋承祖母膝下二十余年，鞠养教诲，以至有成。设无祖母太皇太后，断不能致有今日成立，罔极之恩，毕生难报。值兹危殆，方寸愦迷。用敢洁躬择日，谨率群臣，呼吁皇穹，伏恳悯念笃诚，立垂昭鉴。俾沉疴迅起，遐龄长延。若大数或穷，愿减臣玄烨龄，冀增太皇太后数年之寿。为此匍伏坛下，仰祈洪佑，不胜恳祷之至。

玄烨读罢祝文，泪水满面。这篇祝文发自肺腑，出于至诚，同时也把当场的臣子们感动得无不落泪。

戒骄戒躁

——诸侯之孝章第三

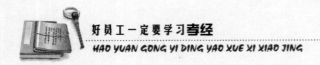

本章题解

　　诸侯源于西周实行的分封制度，周朝天子把天下分成许多小的封地，所分封的列国的国君号为诸侯。诸侯一般按照亲疏关系和功勋大小来分封，有着不同的爵位。《礼记·王制》中说："王者之制禄爵：公、侯、伯、子、男，凡五等。"

　　本章讲的是诸侯的孝道。诸侯作为一方之君，上有天子，下有人民，职责甚重。诸侯应以谦逊谨慎、不骄不奢的态度，遵守法律法规，节约吃穿用度，来长久地保持自己的富贵，保全自己的国家，庇护一方人民，使人民和乐相处。

经文释译

> 在上不骄①，高而不危②；制节谨度③，满而不溢④。高而不危，所以长守贵⑤也；满而不溢，所以长守富⑥也。

【译文】

诸侯的地位，虽较次于天子，但为一国或一个地方的首长，地位已经算很高了。地位高的人，往往难以保持长久，且容易遭受危险。但如若不骄傲自大，且谦恭下士，地位虽然高，也可保无虞。其次，对于地方财政经济事务，预先要有计划的管制，做好预算，按照既定方针，谨慎度用，量入为出，自然会收支平衡，财库充盈，物资充裕。然而满则易溢，如果按照以上的法则严格地执行，库存充盈，而且不会浪费，自然也不至于溢流。地位很高，没有丝毫的危险，这自然能长保爵位。财物充裕，运用恰当，虽丰盈而不至于浪费，这自然能长保富有。

【注释】

①在上不骄：在上，诸侯为分封国的君主，地位仅次于天子，居分封国万民之上。骄，自满，自高自大。《群书治要》中有"敬上爱下，谓之不骄"之语。

②高而不危：高，言诸侯居于所封国最高的地位。危，危险。此处接上句，意思是说，诸侯居于万民之上的崇高地位，如果不自高自大，便不会轻易发生危险。

③制节谨度：制节，指所有开支费用俭省节约。谨度，指行为举止谦逊谨慎而合乎典章制度。

④满而不溢：国库充实，但生活仍然应该节俭有度，不可随意奢侈浪费。满，充满，指国库充实，财物很多。溢，水充满容器而漫出，指奢侈、浪费。

⑤长守贵：永远守住尊贵的地位。贵，此处指政治地位高。

⑥长守富：永远守住财富。富，指钱财多。

富贵不离其身，然后舫保其社稷①，而和其民人②。盖诸侯之孝也。《诗》③云："战战兢兢，如临深渊，如履薄冰④。"

【注释】

①社稷：社，祭祀土神的场所，亦代指土神。稷，为五谷之长，是谷神。土地与谷物是国家的根本，古代立国必先祭社稷之神，只有天子和诸侯有祭祀社稷的权力；天子、诸侯失去其国，即失去了祭祀社稷的权力。因而，"社稷"便成为国家的代称。

②和其民人：使人民和睦相处。和，动词，这里是使动用法，使和睦。民人，即人民，百姓。

③《诗》：即《诗经》。汉代以前《诗经》只称为《诗》；汉武帝尊崇儒学，重视儒家著作，为《诗》加上"经"字，称为《诗经》。

④战战兢兢，如临深渊，如履薄冰：小心谨慎的样子，就如同是身处深潭边上，唯恐一不小心掉下去；如同脚踏薄冰之上，唯恐一不小心陷进去。战战，恐惧的样子。兢兢，谨慎的样子。临，靠近。渊，深水，深潭。履，踏，踩。

【译文】

诸侯能长久地保持他的财富和地位，不让富贵离他而去，那么就自然有权祭祀社稷之神，而保有社稷。有权管辖人民，而和悦相处。这样居上不骄和制节谨度的作风，才是作为一方封地首领当行的孝道。《诗经·小雅》里说："一个身任诸侯职位的大员，凡事必须小心谨慎，戒慎恐惧。他的用心之苦，就像踏进了深渊，时时会有灭顶的危险。又像践踏在薄冰之上，时时会有陷入冰窟的危虑。"

在上不骄，高而不危；制节谨度，满而不溢。高而不危，所以长守贵也；满而不溢，所以长守富也。

【经言札记】

每个处在社会中的人，就像处在坐标系中的点，由其横竖坐标决定一样，由其社会关系决定着。其实，一个人的职位越高，他所承担的责任就越重大，对上、对下的责任是免不了的。这里以上奉天子之命，下受民众的拥戴诸侯为例，来说明只有不骄傲、处事谨慎，才能够长久的平安、富贵。在现代社会中，一方的行政长官，或者极有影响力的大众人物，都应该从这句话中得出启迪。

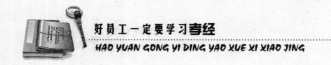
【故事演绎】

郯国的由来

郯子是春秋时代的名人，他的具体名字没人知道，郯子是历来人们对他的尊称。郯国的由来和郯子有紧密的关系。

古书记载，郯子出生于普通的农民家庭，没有兄弟姐妹，家里就他一个孩子。从古至今，人们总是对独生子女娇生惯养，十分溺爱。可是，郯子的父母却不这样做。他们从小对郯子的穿衣吃饭、坐卧玩耍、读书写字、待人接物等，都进行了很严格的管教，时时刻刻都注意培养孩子美好的道德情操和良好的生活习惯。

郯子父母年纪大了，都患了眼疾，经诊治，要经常喝野鹿乳才能治好。医生又给郯子解释了野鹿乳难求的原因：要治愈失明已久的眼睛，必须取野鹿的鲜乳服用才能达到效果，而且还不能让母鹿受到惊吓，否则鹿乳的药用价值就会降低不少。可是，草原上的野鹿都是成群结队地出来饮水觅食，鹿群中都有好几只年轻力壮的公鹿负责警戒保卫，只要听到了一点异常的动静，整群野鹿顷刻间就会跑得无影无踪。在这种情况下，要接近鹿群是十分困难的事情，至于想挤取鹿乳，那几乎是不可能的事。

但是，郯子想出了一个好办法：把鹿皮披在身上，到深山里去，混进鹿群中，挤取鹿乳，然后供奉双亲。

有一天，他又上山挤取鹿乳，不巧遇到猎人捕猎，猎人把身披鹿皮的他当作野鹿了。正当猎人要猎杀他的危险时刻，郯子急忙掀起鹿皮露出头来，告诉猎人自己是为了挤取鹿乳给双亲治病才身披鹿皮的。猎人听后很感动，对他肃然起敬，不仅把鹿乳送给了他，还护送他出山。

从此，郯子的贤名不胫而走。有很多人慕名而来，纷纷拜郯子为师，学知识、学做人。有的人为了求学方便，干脆就在这里住了下来。孔子也曾经来此住过一段，接受郯子的教诲。人越聚越多，郯子的家乡由乡村变成了城镇，又由城镇变成了邦国，被人称作郯国。当地的人们都一致推举郯子做了郯国的第一任国君，郯子也成为了诸侯之一。郯子的名声和地位来源于他的孝行，而他的孝行也必将影响到国家的治理，自然而然成为一种良性循环。

不畏疠疫

庾衮，字权褒，晋代颍川鄢陵（今河南省鄢陵县）人，是明穆皇后的伯父，地位显赫，备受尊崇。然而，他之所以受人尊敬并不是因为他尊贵的身份，而是来自于他对家庭的责任和高尚的情操。

庾衮年轻时勤俭节约，好学善问，并且是一个远近闻名的大孝子。那时遇到灾荒，瘟疫蔓延，他的两个哥哥染瘟疫死了。还有一个哥哥也不幸染上了瘟疫，呼出来的气息像火一样热，让人浑身难受不已，已经病入膏肓了。他的父母见瘟疫如此可怕，就要带着剩下的几个健康的孩子逃亡到外地避难。庾衮则要留下来照顾重病的哥哥，父母坚决不同意，怕他也因此受连累。他就对父母说："我身体很好，不会染上瘟疫的。只要哥哥还活着，他的身边就不能没有人照顾，你们要走我不反对，但是不要阻止我留下来。"无奈，父母带着其他的孩子走了。此后，庾衮不分白天黑夜地守在哥哥身边，端茶送药，从未间断。父母临走前曾为哥哥准备了棺木，庾衮每次看到这个棺木就偷偷地流泪。庾衮就这样悉心地照料着哥哥，过了一百多天之后，奇迹出现了，哥哥的身体不但好了起来，瘟疫也退去了。后来家人也都回来了，见此情景，高兴万分。

在中国，孝悌是不分家的，孝道并不仅仅止于孝敬父母，还包括兄友弟恭，兄弟间的相互扶持也是孝的一个组成部分。庾衮在灾难面前对兄长无微不至的照顾正体现了这一点。瘟疫不会因为一个人的身份显赫而退避三舍，然而人间的真情却可以驱散病魔。

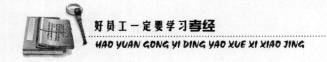

裴秀使客敬母

裴秀，字季彦，西晋河东闻喜人。父亲裴潜曾经担任三国曹魏时的尚书令，而裴秀也凭借自己的才华和才能，成为西晋的名臣，官拜尚书令，并且被封为济川侯。裴秀从小就天资聪慧，博览群书，八岁即能赋诗作文，人称其有神童之目。而且，裴秀从小就是一个非常孝顺的孩子。

裴秀是小妾所生，其生母身份卑微，因此常常受到嫡母宣氏的歧视和虐待。有一次，家里大宴宾客，嫡母宣氏命裴秀生母给客人上菜，客人看到端菜的是裴秀生母后就全都站了起来，并且都对她行礼，接过她手里的菜不让她再端。宣氏在屏风后面看到了这一幕，心中顿时明白这都是因为裴秀，于是感叹道："像她这样卑微的身份而能受到宾客们如此的礼遇和尊敬，这都是因为秀儿的缘故啊！"从此以后，宣氏再也没有轻慢过裴秀的生母。

一个人显赫的身份固然可以使人畏惧，但是高尚的品德和节操却更加能够令人敬佩。孝道是构成中华民族传统思想和人格一个不可或缺的部分，一个普通人的孝心可以感动身边的人，而一个位高权重的人的孝心可以引导整个社会的正气。

富贵不离其身，然后舱保其社稷，而和其民人。盖诸侯之孝也。《诗》云："战战兢兢，如临深渊，如履薄冰。"

【经言札记】

古代诸侯的职责，是上奉天子之命，以管辖群众；下受民众的拥戴，以服从天子。一国所有的军事、政治、经济、文化等各项要政，都得由他处理。这种地位极容易犯欺上瞒下的错误。犯了这种错误，不是天子猜忌，便是民众怨恨，那么他的荣华富贵也就到头了。如果用谨慎小心的态度，处理一切事物，那么，他对上可以替天子行道；对下，可以替人民造福，自然可以长时间地享受职位带来的利禄，而不至于危殆不安。财务处理得当，收支平衡，库存充裕，人民生活富足，那么，这种国富民康的社会现象，可以保持久远，个人的荣禄还有什么可说的呢？"不危不溢""长守富贵"，是诸位诸侯立身行远的长久之计；居上不骄和制节谨慎的作风，是诸侯当行的孝道；戒慎恐惧，才是诸侯尽孝的真正要道。

【故事演绎】

晏子不陪齐国君牺牲

臣下对君王应该是尽孝尽忠，但是君王也应该"在上不骄"。如果君王无道，怎么能够让臣子忠诚于他呢？

晏子是春秋时的齐国人，就是"晏子使楚"这个故事的主人翁。晏子生活在春秋时代，比孔子大概早30年，是一个很有影响力的人。他辅佐了齐国三代君王，为齐国的强盛做出了不可磨灭的贡献。他还留下了《晏子春秋》这本书，后来的吕不韦编《吕氏春秋》很大程度上是受了他的影响。

在《晏子春秋》中，记载了一段齐景公与晏子的对话，讨论的是君臣之间的关系。

齐景公问晏子作为忠臣应该怎么侍奉国君，晏子说："君有难不死，出亡不送。"意思是："国君有难的时候，做臣下的不要替国君殉难，当国君出逃的时候，做臣下的不要追随国君出逃。"齐景公听后很不高兴，说："国君将土地、爵位都给了臣下，国君这时有难，为什么做臣下的就不能够为国君殉难、追随国君出逃呢？那样的行为是忠臣应该做的吗？"晏子的回答与众不同，他说："要是臣子的进谏能够被国君采纳的话，国君本来就不会有什么灾难，臣下哪里用得着为国君去死呢？若国君听从了臣子的话，国君终身也不会出逃的，如果那个时候国君有难的话，臣子去陪国君殉难或是出逃，那是正确的。要是臣子的话国君不听，最后殉难或者出逃，那就是国君自己的咎由自取。"

晏子不只是这样说的，而且也是那样做的。晏子在辅佐齐庄公时，齐庄公昏庸无道，因与权臣崔杼的妻子私通，最后被崔杼杀害。崔杼杀死齐庄公后就逼晏子自杀，晏子坚决不同意。于是在齐庄公的弟弟齐景公即位后，齐景公和晏子之间就出现了上述对话。

永远记着母恩

"回家叫一声妈妈，是一件很幸福的事。"这是身为国家一级导演的翟俊杰先生，对孝道的诠释。60多岁的他，十分珍惜与80多岁的老妈妈相聚的分分秒秒。

翟俊杰的导演工作，使得他不能常守候在母亲的身边，承欢膝下。为了能更多地和母亲团聚，他想了一个两全其美的办法，常常把母亲接到拍戏的片场。结果，母亲成了他的第一个观众。

每次拍摄很晚回来，看到已经像孩子般熟睡的母亲，翟导演会感到无限的温馨和甜蜜。小时候，多少个夜晚，母亲也曾经这样默默地守望着睡梦中的儿子。转眼间，儿子已经有了儿子，母亲却渐渐老去。这更加提醒他人生苦短，行孝要及时。

拍摄《冰糖葫芦》的那个炎热夏天，老妈妈担心儿子中暑，亲手熬了绿豆汤，晾凉了，装瓶后往肩上一拎，倒了好几趟公交车给儿子送去。妈妈给儿子扇着扇子，看儿子美美地喝着绿豆汤，母子之间的浓浓亲情，难以用语言来表达。翟俊杰说，再高级的饮料，也比不上妈妈熬的绿豆汤。绿豆汤让人忘记了炎热，感受到母爱的清润和甘美，这一刻令他永远难以忘怀。

在外久了、累了，钢铁般的汉子也会思念妈妈。翟俊杰记得，在他十八岁参军那年妈妈给纳的布鞋，穿旧了，他都舍不得丢下，后来一直珍藏着，放在自己的身边。他说，想妈妈时，拿出来看一看，看过之后却更加想

家……这里面有母亲的气息，有慈母缝进去的密密牵挂。

妈妈想儿子的时候，就把思念写在日记里。儿子回来了，不用多讲话，看看日记，就知道了妈妈的心里话。几年下来，文化程度不高的妈妈，竟然写下了厚厚的五大本日记，共有二十多万字。翟俊杰仿佛看到，灯光下，带着老花镜的妈妈，认认真真，一笔一画，写下的都是老母亲对儿子的一番叮咛和时时的惦念。

翟俊杰有一幅照片——他带着老花镜，给幸福的妈妈剪脚趾甲。另外，他还是弟妹心目中最好的大哥。照顾妈妈，没有丝毫的含糊。洗脚的水不能太烫，要边洗边加水，洗完以后记着给老妈妈修剪脚趾甲。因为母亲为儿女操劳了一辈子，现在年纪大了，关节硬了，弯不下腰。当看到有弟弟、妹妹怕脏、嫌弃，大哥就不客气地批评他们："父母什么时候嫌过我们脏？你小时候，难道不是父母一把屎一把尿地拉扯大？能够把父母给我们的十分，回报给一分，就是个孝子！"

回忆童年时光，翟俊杰印象最深的是母亲在刺骨的冰水里，给一家人洗衣服。爷爷、奶奶、爸爸，加上5个没长大的孩子。妈妈整年整月地捶啊、洗啊，衣服、床单，晾满了整整一个院子。年复一年，妈妈洗过的衣服大概一辆大卡车都装不下。母爱的伟大，就这样被细化，每顿饭、每件衣、每杯水里，都能看得见它。

每当看到妈妈那布满青筋的双手，翟俊杰的眼泪都会忍不住夺眶而出。那双手，为了养活儿女，洗了多少件衣服，剁了多少菜，和了多少面，蒸了多少个馒头？做人，要懂得知恩报恩啊。孝，孝本来是天经地义的，是为人子应尽的本分啊，不是做给人看的。

翟俊杰的夫人也是一位军人，由于工作的需要，在女儿三个月大的时候，忍痛离开。而他们的儿子出生后仅仅两个月，就要离开妈妈的怀抱。看到痛苦而无奈的妻子，翟俊杰把最后的乳汁封存在3个小瓶子里，留作纪念。没想到，20年后，儿女长大成人了，原本洁白的乳汁，竟然变成了血一般的红色。

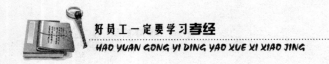
翟俊杰对将要结婚的女儿说："你结婚，爸爸要送你一件礼物。"女儿说："我什么都不缺。"翟俊杰说："这件东西你一定要收下。"说着，他就拿出了那个密封的小瓶。看着瓶子里血红色的液体，女儿不知道是什么，可是当爸爸告诉她，这是妈妈20年前的奶水时，女儿一下愣住了。她没有接过小瓶子，而是冲着这一小瓶奶水跪下，泪不成行。

这是妈妈的乳汁，妈妈用它把我们养大，原来，我们是喝着母亲的血长大的。世界上最珍贵的是什么？不是金银财宝，而是母亲的乳汁！这最最珍贵的纪念告诉我们：是父母的心血把我们养育大。

翟俊杰感到高兴的是，在上行下效的孝道行为中，儿女都身心健康地成长。当父亲给奶奶洗脚时，儿子小兴被奶奶那难以言表的幸福表情感动，决心把孝继承下去，传下去。

翟俊杰曾说："亲情要发自内心，千万不要忘记母亲的养育之恩。我觉得所有人都应当永远牢记父母的养育之恩，永远把心里这份真诚的爱保持住，这是多么重要的事情。对我们影视创作人员来说，如果一个人很虚伪，不孝顺，又怎么能够在银幕、屏幕上创作出来感人至深的艺术形象来？不可能！"

是啊，人如果不孝，不仅演不出感人至深的艺术形象，也根本演不好自己本有的社会角色。如果用一句话来阐述就是：人对了，世界就对了。

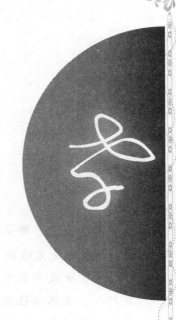

慎言谨行

——卿、大夫章第四

本章题解

　　卿、大夫，卿是王朝和诸侯封地中的高级官员，又称上大夫，地位比大夫略高。

　　卿、大夫为天子或为诸侯的辅佐官员，也就是参与政策决定的人。虽然地位也很高，但因不负守土治民之责，故次于诸侯。他们的孝道，是要在言语上、行动上、服饰上，一切都要符合礼法，示范人群，起到领导作用。

经文释译

非先王之法服①不敢服，非先王之法言②不敢道，非先王之德行③不敢行。盖卿、大夫之孝也。

【注释】

①法服：按照礼法制定的服装。古代服装的式样、着色、花纹、质料等，不同的等级、不同的身份，均有不同的穿着。

②法言：合乎礼法的言语。

③德行：合乎道德规范的做法行为。

【译文】

任卿、大夫之官者，即辅佐国君和诸侯的行政官吏。事君从政，承上接下。内政、外交、礼仪攸关。故服装、言语、德行都要合乎礼法，也就是合乎礼制的规定。所以，非国家规定的服饰，就不敢乱穿；非国家规定的言语，就不敢乱讲；非国家规定的德行，就不敢乱做。这大概就是卿大夫的孝道。

是故非法不言①，非道不行②；口无择言③，身无择行；言满天下无口过④，行满天下无怨恶⑤，三者备矣⑥，然后能守其宗庙⑦。

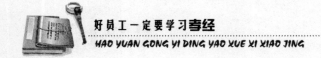
【注释】

①非法不言：那些不符合礼法的话不说，言必守法。

②非道不行：那些不符合道德的事不做，行必遵道。

③口无择言，身无择行：言行都合乎礼义，不用斟酌选择。

④口过： 说话时言语的过失。

⑤怨恶：怨恨，不满。

⑥三者备：三者，指法服、法言、德行。备，完备齐全。

⑦宗庙：古代祭祀祖宗的房屋。

【译文】

所以卿、大夫的讲话，不合礼法的话，就不要讲出口；不合道理的事，就要不现于行为。一言出口，传满天下，可是没有人检出他的错误，那自然无口过；一行做出，普遍天下，可是没有人检出他的不法行为，那自然无怨恶。服饰、言语、行动三者都能谨慎实行、全备无缺，那自然德高功硕，会得到首长的亲信。这样，既可保禄位，又可正常进行宗庙祭祀之礼。卿、大夫的孝，大致就是这样的。

《诗》云："夙夜匪懈①，以事一人。"

【注释】

①夙夜匪懈，以事一人：出自《诗经·大雅·烝民》，原诗是赞美周宣王的卿大夫仲山甫，从早到晚，毫不懈怠，竭心尽力地侍奉宣王。夙，早。

匪，非，不。懈，松懈，懈怠。一人，周天子。

【译文】

孔子引用《诗经·大雅·烝民》中的两句诗说："为人下属的，要早晚勤奋地来服务上司，不能有所松懈、怠慢，尽他应尽的责任。"

解读运用

非先王之法服不敢服，非先王之法言不敢道，非先王之德行不敢行。

【经言札论】

卿、大夫虽没有守土治民的重大责任，但是作为政府的重要组成部分，他们要辅佐诸侯和国家。他们对政治也具有着很大的影响。所以，卿大夫之孝，应以拥护其主为第一要素，还应特别注意确保自己的服饰、言语、行动万无一失，才能保守其地位与宗庙祭祀，也就是说要注重自己的言行和穿戴。

【故事演绎】

亲涤衣厕

石奋，西汉山西人，历任高祖、文帝、景帝。他的四个儿子石建、石甲、石乙、石庆都官至二千石。

石奋一家家教很严格，都以孝著称，对长辈都非常孝顺、恭敬。石奋和四个儿子都是二千石以上的官员，因此人们就称石奋为"万石君"。石奋经常告诫儿子为人要慎言慎行，要重视礼法，并能以身作则。

时值窦太后推崇黄老之学，认为不善言语、亲身躬行的石奋，正好能够对儒生注重理论和外表的言论产生打击效果，于是格外重视他。窦太后还任命石奋的大儿子石建为郎中令、小儿子石庆为内史。多年之后，大儿子石建仍然不忘孝顺父亲，虽然他也头发花白，年事已高。他每过五天就离开朝廷回家一次，并在拜见完亲人之后，默默地亲自为父亲石奋洗换下的内衣，还为父亲冲洗厕所。他千叮咛万嘱咐仆人千万不要让父亲知道实情，因为他怕父亲知道了会认为他这么做会影响到自己的工作。

石奋以身作则，教子有方，孩子们都很有出息，没有辜负父亲的苦心。大儿子石建即使身居高位依然对父亲悉心照顾，默默奉献自己的孝心，这种无私的孝是值得我们所有人去学习的。事务繁忙的高官都能每五天回家尽一次孝道，我们这些普通人又有什么理由以没有时间为借口推脱责任呢？

扶持老兄

杨播，字延庆，北魏华阴（今陕西华阴市）人。他为人忠厚、谦虚、恭顺，非常懂得教育孩子的方法。两个儿子杨椿和杨津感情深厚，他们互敬互爱，彼此都很尊重对方。

每天清晨，他们起床后都相对而坐，用心学习知识，互不打扰对方。吃饭的时候，只要有好吃的饭菜，就一直等到两人到齐后，才一块吃。晚上就寝时，用一个帐子在中间隔开，兄弟俩一边睡一个。他们还常在晚上隔着帐子谈心。长大之后，虽然都成了家，却依然来往甚密。杨椿老了之后，有一次喝醉酒无法回家，杨津自己动手搀扶哥哥回家，还怕哥哥睡醒要召唤人伺候，于是便躺在哥哥身边却不敢入睡。他们六十多岁的时候都做了大官，可杨津丝毫没有以自己的官位自居，反而对哥哥更加关心，每天早上和晚上都要亲自过问一下哥哥的情况。当哥哥去郊游很晚还不回家的时候，他是绝对不会先开始吃饭的。

杨津并没有居官自傲，扶持老兄是按照礼法、遵守长幼之序。他尊敬兄长的行为就算放到现代社会，也应该成为我们的表率。

涤亲溺器

黄庭坚，是宋代四大书法家之一。人人都知道黄庭坚是北宋时期与苏东坡齐名的文人，二人被世誉为"苏黄"。他在朝廷做过国子监、太史的大官。

他虽然身居高位，奴婢成群，但仍然亲自侍奉自己的母亲，并把母亲的生活照顾得体贴入微。黄母多年生病，黄庭坚日夜守护其身边，喂汤喂药，端屎端尿，衣不解带。母亲爱干净，别人伺候母亲，他怕母亲不满意，因此每天都亲自为母亲洗刷便桶，而且洗刷得非常干净。

他时刻不忘做儿子的职责，常说，我是母亲的儿子，小的时候，母亲不怕我的尿臊，不怕我的屎臭，亲自为我洗溺器、刮屁股。我现在要亲自为母亲洗涤溺器，回报母亲的恩德。所以，他的孝行被天下广为传诵，并流传至今，被人们称道。

黄庭坚孝顺母亲，不是虚构的传说，而是真正的事实。苏东坡在向当朝举荐黄庭坚的文章中说，黄庭坚"瑰琦之文，妙绝当世；孝友之行，追配古人"。

孝顺不是嘴上说说就完事，也不是形式，而是一种实际的行动，是一种实实在在的内容。黄庭坚能够持之以恒地为母亲洗刷便桶而毫无怨言，是足以引起我们警醒的。

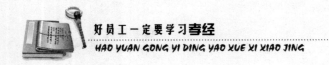
卫武公求箴言

卫武公（约前853年—前758），姬姓，卫氏，名和。卫国第11代国君，前812年—前758年在位。他是卫釐侯之子，卫共伯之弟，卫都朝歌人。公元前812年继位，在位55年，执政期间，能修康叔（卫国始祖）之政，政通人和，国力强盛。清朝人催东壁认为，西周最贤国君、卿大夫就是卫武公了。

他在位期间有两件事情一直为后来人所津津乐道：一是辅佐周朝平犬戎，一是在九十五岁的时候自我警示。这两件事史书上都有记载。一是《史记·卫康叔世家》中的："犬戎杀周幽王，武公将兵往，佐周平戎，甚有功，周平王命武公为公。"意思是：犬戎攻打西周都城，杀死幽王。武公得知消息，马上率卫国之精兵强将，协助周平王平息了犬戎叛乱，又辅佐周平王东迁洛阳。因卫武公的功勋卓著，所以周平王把当时最高的官衔"公"封给卫武公。另外就是《国语·楚语》所记的："昔卫武公九十有五矣，犹箴儆于国曰：自卿以下至师长士，苟在朝者，无谓我耄而舍我，必恭恪于朝，朝夕以交戒我。"意思是：卫武公95岁了还勇于自儆，求箴言采众谏，与臣子和百姓共勉。他曾作诗《抑》以自勉。诗云："辟尔为德，俾臧俾嘉，淑慎尔止，不愆于仪，不僭不贼，鲜不为则，投我以桃，报之以李。"意思是：修德养性，使它高尚美好。举止要谨慎，行为要规范，仪容要端正，不犯过错不害人。你敬我一尺，我还你一丈。

卫武公死后，其人品为历代所赞颂，其为人处世被后人所推崇。

是故非法不言，非道不行；口无择言，身无择行。

【经言札记】

有很多功成名就的人，因为不能够慎言谨行而导致身败名裂。有这么一个规律：一个人的成功需要付出很多努力，但是有时候仅仅一句话或一个不

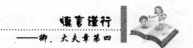

当的做法，就可以让人身败名裂、万劫不复。所以，不管什么人都得懂得谨言慎行。

【故事演绎】

谏臣魏征

唐朝的名臣魏征，敢于进谏，天下闻名。他是一个有胆量、有谋略，善于挽回君王所做的不恰当决定的人。无论大事小事，只要皇帝不对，魏征一定会毫不留情地、苦苦地劝谏。纵然惹得皇帝非常生气，魏征仍然是不肯停止。

有一次，唐太宗得到了一只很好的鹞子，非常喜爱，经常把鹞子放在自己的手臂上把玩。有一次，看到魏征来了，怕他看见，说他因此误了朝政，就赶紧把鹞子藏在怀里。魏征心里有数，向太宗奏事的时候，就故意地拖延时间，鹞子因此而闷死在唐太宗的怀里。这是因为魏征不想唐太宗玩物丧志，有损君威的缘故，就用这种方法劝谏。

后来长孙皇后过世，唐太宗对皇后思念不已，就在御花园里建造了一层楼，以便眺望皇后的陵墓。唐太宗还请魏征和他一起登楼，也让魏征眺望皇后的陵墓。魏征仔细地看了半天说："陛下！我老了，眼睛花，看不到啊！"唐太宗就用手指给他看。魏征说："我以为陛下若是能够望祖宗的献陵，和望皇后的昭陵一样，那么我就能够把皇后的昭陵看清楚些了！"

唐太宗听了之后，感动得留下了眼泪，就把这座层楼拆掉，也不再去登楼眺望昭陵了。魏征劝太宗偃武修文，停止军事的发展，加强文化教育，这样，国内安定了，四方的夷人自然就会归顺臣服，用不着用武力去征服他们了。太宗采纳魏征的建议，果然产生了很大的效果。

从上面故事可以看出，魏征为了维护唐太宗的威严，怕唐太宗玩物丧志，处处劝谏太宗皇帝，为的是让唐太宗做一个明君。历史也证明唐太宗确

实是个明君。在劝谏唐太宗撤掉层楼时，魏征用的是在当时人们以孝为重的观念。

忠勇将军郭子仪

郭子仪，中唐名将，汉族，华州郑县（今陕西华县）人，祖籍山西汾阳，后被肃宗封为汾阳王。

郭子仪戎马一生，屡建奇功，忠勇爱国，宽厚待人，是大唐的四朝柱石，被当时很多人崇敬。在安史之乱的时候，收复了东西两个京城，功劳超过了其他的将领。代宗皇帝的时候，宦官专权势力很大，郭子仪被闲置了很久，部下们也都离散了。这时候吐蕃突然造反，挥兵直进京师。京城震惊，皇上急忙带着文武百官直奔陕州（今三门峡市陕县）避难。大将们都因为讨厌宦官专权，而拥兵自重，不愿马上前往陕州去救驾。只有郭子仪一人招募了二十位骑兵，就立即动身前往陕州救驾。在途中又纠合了些其他的将领，敲击着战鼓，张扬着旗帜，并在多处点火。吐蕃看到后，害怕地全都逃跑了。

后来吐蕃又会合了回纥，以数十万的大军，再次前来攻打唐朝。唐朝的将领大多不能及时地赶到保护京师，只有郭子仪一个人骑着马，前往说服了回纥退兵，并且还大破吐蕃的军队。郭子仪虽然身为大将，拥有强大的兵力，却被宦官程元振、鱼朝恩在皇上面前百般地进谗言，他们传播谣言说朝廷也怕他功高盖主，不利于皇权。但是只要皇上一纸诏书，征召他入京觐见，郭子仪无不是诏书一到，就立即上京去觐见皇上。因此，他颇得皇上的信任。也正因为如此，所有对他的谗言和毁谤，都不能够动摇皇上对他的信任。

郭子仪后来被封为汾阳王，他的八个儿子、七个女婿，也都当上了朝廷的大官。郭子仪的后代，都非常显赫，贵盛无比，成为后世的楷模。

尽职尽责

——士章第五

本章题解

　　士，是指次于卿大夫的最后一等的爵位，其中分上士、中士、下士三级。又是低级官员的称谓，如《周礼·秋官》中的乡士、方士、朝士、家士。还有对各种有特殊技能和知识的人的通称的意思，如武士、智士等。这里主要是指第一种。

　　本章主要说明了初级官员的孝道。第一，要尽忠职守。第二，要尊敬长上。初级官员所代表的人群在现代社会有一种普遍的意义，所以说本章具有很强的指导意义。因为基层官员和民众联系密切，他们的言行对社会风气的形成有很大的影响。

经文释译

资①于事父以事母，而爱同；资于事父以事君，而敬②同。

【注释】

①资：取，拿。事，侍奉。
②敬：崇敬，尊敬。

【译文】

士人的孝道，包括爱敬，就是要把爱敬父亲的爱心移来以爱母亲，那种爱心是一样的。再把爱敬父亲的敬心，移来以敬长官，那恭敬的态度，也是一样的。

故母取其爱，而君取其敬，兼之者父也①。故以孝事君则忠②，以敬事长③则顺。忠顺不失，以事其上，然后能保其禄位④，而守其祭祀⑤，盖士之孝也。

【注释】

① 兼之者父也：兼，同时具备。之，代词，指爱与敬。指侍奉父亲，兼

有爱心和敬心。

②忠：出自内心的诚挚与竭尽所能的行为。

③长：上级，长官。

④禄位：俸禄和职位。俸禄，官吏的薪水。禄与位是相互关联的，有位则有禄，无位则无禄。

⑤守其祭祀：祭祀，备供祭品，祭天神、地、人鬼活动的通称。这里特指祭祀宗庙祖先。

【译文】

所以爱敬这个孝道，是相关联的，不过对母亲方面，偏重在爱，就以爱对待。对长官方面，偏重在敬，就取其敬。爱敬并重的，是对父亲。士的孝道，第一，要对长官服务尽到忠心；第二，要对同事中的年长位高者，和悦顺从、多多领教。那长官方向，自然相信他是一个很好的干部；同事方面，都会同情他、协助他。如果这样，那他的忠顺二字不会失掉，用以事奉其长官，自然他的禄位可以巩固。光宗耀祖的祭祀，也可以保持久远，不至失掉，这就是士的孝道吧！

《诗》云："夙兴夜寐，无忝尔所生①。"

【注释】

①夙兴夜寐，无忝尔所生：出自《诗经·小雅·小宛》。兴，起，起床。寐，睡觉。无，别，不要。忝，羞辱，侮辱。尔，汝。所生，指生身的父母。

【译文】

《诗经·小雅·小宛》中的这两句话，表明一个个道理：初入社会做事的小公务员，要早起晚睡。上班办公，不要迟到早退、怠于职务、遗羞辱于生身的父母。

故母取其爱，而君取其敬，兼之者父也。

【经言札记】

一般人对母亲是爱戴，对自己的上司则大多是尊敬的，对父亲则是又爱又敬的。虽然这是对不同人群"孝"的区别，但是假若一个人能够做到这样对待自己的父母和上司，那么这个人难道不值得被人称赞吗？还不会获得社会的认可、取得人生的成功吗？

【故事演绎】

失母心乱

徐庶，是汉朝末年颍川一代名士。归曹后，在魏官至右中郎将、御史中丞。对于徐庶，因中国古典名著《三国演义》对其有精彩的描写，中国人对他可谓妇孺皆知。几乎人人都知道与他有关的一句歇后语：徐庶进曹营——一言不发。书中许多情节虽与正史有所出入，但他至孝侍母，力荐诸葛，史籍却有详细的记载。

徐庶在少年时代就是一名远近闻名的少年侠士。他曾经杀死了当地一个豪门恶霸，为一位朋友报了家仇，自己却不幸失手被擒。官府对徐庶进行了严酷的审讯，徐庶出于江湖道义，始终不肯说出事情真相。又怕因此株连母亲，尽管受尽酷刑，也不肯说出姓名身份。老百姓感于徐庶行侠仗义，没有一个人出面揭穿他的身份。后经徐庶的朋友上下打点，费尽周折，终于将其营救出狱。

徐庶为人忠厚诚恳、豁达大度、才识广博、见解独到，具有卓越的军事才能，很受刘备赏识，并被刘备委以重任。后来，一次战争刘备战败，徐庶的母亲不幸被曹军掳获，并被曹操派人伪造其母书信召其去许都。徐庶得知此讯，悲痛欲绝，含泪向刘备辞行。他用手指着自己的胸口说："本打算与您共图王霸大业，但不幸老母被掳，方寸已乱，即使我留在将军身边也无济于事，请允许我辞别，北上侍养老母！"刘备虽然舍不得让徐庶离开自己，但他知道徐庶是有名的孝子，不忍看其母子分离，更怕万一徐母被害，自己会落下离人骨肉的罪名，只好同徐庶挥泪而别。但到了曹营以后，徐庶从不为曹操出谋划策，故后世有"徐庶进曹营——一言不发"的谚俗。

徐庶虽然离开了刘备，但是却把更有才能的诸葛亮举荐给了刘备，使他能够大展宏图，建立了蜀汉政权。徐庶并没有背叛刘备，他是身在曹营心在汉，只是由于孝才使他身不由己，但是也更坚定了他对刘备的忠诚和承诺。徐庶归曹后未向曹操献过一策，唯一的计策却使曹操大败。

沈周与母相依为命

沈周，字启南，号石田，晚年自号白石翁，明代长洲（今江苏省吴县）人。他学识渊博，诗文书画均负盛名，为著名的江南四大才子（另三人为文徵明、唐寅、仇英）之一，人称江南"吴门画派"的班首，在画史上影响深远。他从小就博览群书，文章、诗赋、书法、绘画样样精通。他心地非常善良，对父母也非常孝顺。

相传有个家境贫寒之人，为了挣钱给母亲治病，摹仿了一幅沈周的画。

为卖得高价，请求沈周在画上题字。沈周看他是孝子，非常同情，就在画上稍加修改，然后落款、盖章。结果那幅画果然卖了很高的价钱，那个人为母亲治好了病，对沈周感激不尽。

沈周的父亲去世后，朋友劝他去做官，他回答说："现在母亲依靠我照顾，我怎么会能离开她去做官呢？'很多官员都对他十分尊重，频频邀请他到自己手下工作，他都以照顾老母亲为由拒绝了邀请。他从来不出去游玩，整天陪伴在母亲身边。当母亲活到九十九岁时，他也已经八十岁了，可谓母子相依为命，福寿同在。

作为一个士人，追求功名仿佛成了他们的天职，然而功名却并不能代替一切。沈周是一位名士，而且也很明智，在他的眼里，父母比功名更加重要，真正地做到了人们说的"父母在，不远游"。

母子相见其乐融融

春秋时的郑国有位叫郑武公的国君死后，大儿子寤生做了他的继承人，也就是做了国君。但是，他的亲生母亲和他的亲弟弟段却对他很不和气。母亲偏爱弟弟段，因为寤生的母亲生他时很痛苦，所以一直不是很喜欢大儿子，很讨厌他。

寤生即位，史称郑庄公。母亲武姜认为姬段再留在寤生身边很危险，要图谋大事，此地不宜久留。于是，母亲武姜向大儿子为小儿子请求封地。十四岁的郑庄公就按照武姜的要求，给十一岁的弟弟段封了京这个地方。

京是一个超大规模的城邑。城墙为长九百丈，高三百丈，是一般城池的三倍多。有个大夫认为把京封给段是不合适的。庄公就说："母命难为。"换成今天的话说就是，我妈想这么做，我不能违背她啊。

郑庄公二十二年，鲁隐公元年，三十二岁的姬段发兵攻打他的哥哥郑庄公，并且联系了母亲武姜作为内应，为他的军队打开城门。但是郑庄公及早得知了弟弟段的阴谋，派大夫子封迎战。姬段打不过，逃回了自己的领地

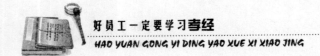
京。最后京被攻破，段逃到国外去了。

因为母亲武姜是同谋，在当时罪行极大，是要杀头的。郑庄公对于母亲的行为也是一时气急，就说："不到黄泉，我是不要再见你了。"

因为对郑庄公来说，母亲的生养恩情，没齿也难以忘怀，是不能抹杀掉的。郑庄公的那句话，是对弟弟叛逃、母亲纵容的一个惩罚和不得已。但是实际上，他对母亲的思念与日俱增。

郑大夫颍考叔看出了这种痛苦，他跑去找庄公，给庄公送点东西。庄公很高兴，留他吃饭。吃饭的时候，颍考叔就故意把肉都撇出来留着。

庄公就问："你这是做什么呢？"

颍考叔说："您这里的肉很珍贵，我留给母亲吃。庄公上了钩，感叹道："你还有母亲可以供养，我算是没有了。"（"尔有母遗，我独无！"）颍考叔故意问："哦？这是怎么回事呢？"（"敢问何谓也？"）其实颍考叔比谁都清楚是怎么回事。这样，自然而然地把话题引到那个誓言上来了。颍考叔趁机说出了自己的主意："如果你们挖一条隧道，一直挖到泉水（天地玄黄，地泉也就是黄泉了），不就可以在隧道里见面了吗？既然已经在'黄泉'见了面，所立的誓就可谓实现了，出来以后不就可以大大方方地住在一起了吗？"

于是郑庄公依此照办理。依照约定，进隧道还是要分开不能见面的。武姜先等在隧道里，郑庄公随后进去。进去的时候庄公美滋滋地作诗道："大隧之中，其乐融融！"外面的人听到，就记了下来。此后，母子就和解了。

颍考叔用他自己的"纯孝"去影响别人，让别人也做到孝，使得孝道得以稳固与弘扬。

药王尽忠的故事

除了孙思邈，历史上还有一个被称为药王的就是邳彤。

邙彤是西汉末年人，字伟君，信都（今河北安国）人，能文善武，东汉名医，初为王莽部下，后为光武帝刘秀二十八员武将（后人附会为二十八宿）之一，开国功臣。苏轼曾经评价说："此东汉兴亡之决，邙彤可谓汉之元臣也。"

西汉末年，天下群雄并起，邙彤在和成郡为卒正。刘秀在黄河以北响应，复兴汉业，至下曲阳，彤率城投降，仍封为和成太守。刘秀留止数日继续北伐，到蓟（今北京西北），恰王朗在河北起兵，所过郡县无不降迎，只有和成与信都二郡监守不下。当时刘秀在北方一带并无多大的势力，除了他的皇族身份外，几乎没有什么可以和王朗抗衡的实力。闻报后慌忙回兵，还没到信都就兵将尽失。邙彤即派二千精骑迎刘秀至信都共商退兵之策，然议者多言以信都之兵护刘秀返还长安，惟邙彤当庭直谏："天下之民思汉久矣。明公本汉室宗亲，今振臂一呼，天下影从。王朗不过一介匹夫，集一帮乌合之众尚能威震燕赵。况明公奋二郡之兵，扬响应之威，以攻何城不克，以战何军不服！如今倘失此机会而避走长安，岂止失掉河北，三秦必惊，威名损堕实不足取。且明公如无征伐河北之意，信都之兵恐难随君西退长安。"

刘秀于是准备留下来，在河北单独开辟自己未来的事业。拜邙彤为后大将军，命邙率军直征王朗，相继收复堂阳，破白奢于中山。后信都守将投降王朗，王朗见邙彤军胜，即捕邙彤全家老小，送信威胁邙彤曰："降可封爵，否则灭族。"邙彤涕泣言于信使："事者不得顾家，刘公待我不薄，吾岂可复念私乎？"也就是说在忠孝之间，邙彤选择了尽忠，舍弃了小家的安危。不过幸运的是，不久援军及时赶到，信都为刘秀别部攻下，邙彤全家得以幸免于难。

以敬事长则顺。

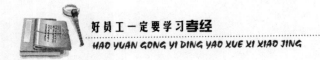
【经言札记】

士的孝道，在乎尽忠职守、善处同事。因为他要想有所作为，就必须按上级的指示去做，并谦虚、礼貌、真诚地向别人请教学习。如果做事不负责任，那便是不忠。对同事不恭敬，那便是不顺。不忠不顺，便得不到上级的信任和同事的好感。一个人所处的环境，如果这样恶劣，那他还能保持他的职位和薪水吗？这就是告诫读书的人，初离学校和家庭，踏进社会，为国家服务，还未懂得公务的办理。若能以事亲之道，服从长官，竭尽心力，把公事办得好，这便是忠。对于同事方面，地位较高、年龄较大的长者、以恭敬服从的态度处之，这便是顺。以忠顺行事，放在现代也不会错到哪儿去。

【故事演绎】

虞翻事长

士之孝的表现形式之一便是对尊长的忠顺，听从尊长的命令。三国时的虞翻就是这样一个人。

虞翻（164~232）是会稽余姚（今宁波余姚）人，在中国的学术史上有一定的地位，他对易学的研究成就卓著。南宋之前的浙江少有著名的人物，虞翻可以称得上是成就卓越的一个。他以忠信著称，主张一士不可事二君，做官、做人，要从一而终。

东汉末年，群雄并起，战乱不已，当时在会稽任太守的是山东郯城县的王朗（152~228），今人知道王朗，多是因为在《三国演义》的第九十三回中有"姜伯约归降孔明，武乡侯骂死王朗"，意思是王朗是让诸葛亮给骂死的。其实并不是这样的。因为在袁术手下已没有发展可言，孙策率领部南下打回到江南老家，作为朝廷命官的王朗被孙策打得大败，一路向南逃到了侯官（今天的福建福州）。虞翻是王朗手下的功曹，这个小官职主要是负责考核官吏的。孙策攻打王朗的时候，虞翻正遭父丧，未能追随王朗。事后虞翻赶到侯官，侯官长官关闭城门，不让虞翻入城。虞翻说了许多话，才被放入城中。王朗最后对虞翻说，你家里还有老母亲，你还是回去侍候你的母亲为好。

他回到会稽之后，投靠了孙策，与孙策之间仍然是严守交友之礼。孙权掌权之后，虞翻多次犯上直谏，作为属官、臣下，尽到了自己应尽的职责，即使后来被外放到交州（今天广东一带），虞翻仍然时常记挂着国家的安危。

手足之情

姜肱，字伯淮，东汉彭城人。他学术广博，不但通达五经，而且晓达星命相术。求学于他的门下者，来自于四面八方，多达三千余人。许多王侯公卿召请他为官，他一概婉辞，不愿就任。

他有两个弟弟，一个叫仲海，另一个叫季江。兄弟三人非常友爱，整天形影不离，一起读书，一起温习功课、玩耍，还在一起帮家里干活。他们缝了一床大棉被，每天都睡在一起。长大之后，他们的感情依然非常好，即使各自成家立业，也没有半点破坏兄弟之间的亲情。

一次，姜肱跟弟弟季江出门在外，夜晚行路遭遇强盗，强盗要杀他们。姜肱心疼弟弟，抢着要替弟弟受死；弟弟担心哥哥，不让强盗伤害哥哥，也主动要替哥哥去死。就这样兄弟俩相持不下，都争着让对方活着。强盗看到这个情景，被兄弟俩的手足之情深深地感化了，只抢了一些财物，并未伤及他们性命。

姜肱他们到了目的地，官吏问他们为什么如此狼狈。为了给强盗们一个改过机会，能够让他们重新做人，姜肱和季江并未说出原委。后来强盗们知道了，感激加悔恨，又把他们所有抢来的财物如数奉还给了姜肱。

手足之情，不仅感化了盗贼，也使他们成为受人景仰的一代名士。

兄弟姐妹和睦相处，一家人和和美美，是父母最大的心愿。因此，侍奉父母是尽孝，照顾兄弟也是尽孝。兄弟如手足，父母如身躯，身躯与四肢

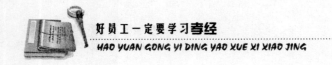

能互相搭配，这样才能构成健全的身体。所以，兄弟就要彼此友爱、相互提携，长大成人之后，更要相互的帮助。

为国举荐贤才

《新序》记载了赵武去世后发生的一个故事：

晋平公与叔向路过九原时，不禁发出感慨："这里埋葬了我国多少的良臣啊！如果死者能够复生，我该选择与谁交游呢？"

叔向："应该是赵武吧。"

平公："是因为你和你老师是一伙的吧？"

叔向："我给你说说赵武的为人。他这个人，虽然'立若不胜衣，言若不于出口'，但是亲自为晋国推荐的人才就有四十六人，全都被国家任用，成为了晋国的栋梁。等到他去世的时候，这四十六人都是站在客人的位置上吊唁，这说明他没有丝毫的私心，所以我才选择他。"

赵武能够为国举荐贤才，而不是压制人才，或者将人才据为己用，说明他一心为公，对国家和国君的忠。就像现在人常说的，看一个人交往的人就会知道，这个人是什么样的人。同样，一个对父母，对朋友好的人，对国家和国君肯定也不会很坏。这也是古代经常把忠孝放在一起的原因。

谨身节用

——庶人章第六

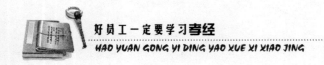

本章题解

　　庶人指众人、一般平民百姓。庶，即众、多的意思。

　　本章是说，一般普通人的孝道，不违背自然规律，工作中努力，生活中节约用度，以更好地奉养父母。平民，是一个国家的大多数。要让孝成为一种教化之风，就要使占多数人的平民百姓都通晓孝的教化。《书》云："民为邦本，本固邦宁。"

经文释译

用天之道①，分地之利②，谨身节用③，以养父母，此庶人之孝也。

【注释】

①用天之道：天之道，指天气气节的变化，此处主要是指按时令变化安排农事，即春生、夏长、秋收、冬藏。

②分地之利：分，区别，分辨。利，利益，好处。分地之利，即区分各种不同的土质、地势以及当地的气候，因地制宜，种植适宜当地土壤生长的农作物，从而获得丰收。

③谨身节用：谨身，指行为举动小心谨慎。节用，指用度花费，俭省节约。

【译文】

种田人的孝道，就是要会利用四时的气候来耕耘收获，以适应自然规律。分辨土地的性质，来根植庄稼、生产获益，以收地利之果。普通老百姓的孝道，还要谨慎地保重自己的身体和爱护自己的名誉，不要使父母赋予的身体有一点损伤，或使声誉有一点败坏。要节省花费，不要把有用的金钱，作无谓的消耗。如果照这样的保健身体、爱护名誉、节省有用的金钱，使财物充裕、食用不缺，以孝养父母，那么父母一定会非常高兴。这样，不但可以孝养父母，就是子女的教养费、社会的应酬，也完全可以应付了。这便是平民百姓的孝道。

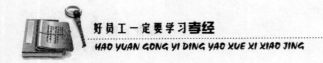

故自天子至于庶人①，孝无终始②，而患不及者③，未之有也。

【注释】

①自天子至于庶人：上至尊贵的君主，下至诸侯、卿大夫、士，直到平民百姓。

②孝无终始：孝道的义理非常广大，从君主到平民百姓，不分尊卑，超越时空，无终无始，永恒存在。

③而患不及者，未之有也：患，担忧，忧虑。不及，指做不到。未之有也，即未有之也，是说没有这样的事情。

【译文】

所以说：上自国家君主，下至普通的平民百姓，孝道虽然执行的人有不同的身份，但都来自于人的天性。所以说这个孝道，是没有终始的。如果有人说恐怕尽不了孝道的话，那绝对没有这样的事。

解读运用

用天之道，分地之利，谨身节用，以养父母，此庶人之孝也。

【经言札记】

　　一般的老百姓都知道，自然规律制约着田地的收成。而行孝道的自然规律就是做事谨慎、用度节俭。试想一个人如果花费无度，不断地从父母那儿索取，到中年还要父母来供养，这怎么能算是尽孝道呢？所以说最基本的孝道就是，顺应自然规律，取之有道地得到财物，使自己的生活变得充盈的同时，能够供养父母，让父母身心感到快乐。这就是一般平民百姓应尽的孝道，也是一个人做人最基本的责任与常识。

【故事演绎】

赡养继母

　　归钺，字汝威，明朝嘉定（今上海市嘉定县）人。归钺小的时候，他的母亲就去世了，父亲又娶了一位妻子，那便是归钺的后母。不久后，归钺的后母生了儿子，于是归钺就受到了父亲的冷落。后母得宠后便开始讨厌归钺，于是父亲总是以毒打归钺来讨继母的欢心。

　　归钺家很穷，粮食不够吃。每次吃饭前，继母就会数落归钺的不是，借以激怒归钺父亲。父亲盛怒之下竟然将儿子赶出了门，这样继母和她儿子的饭菜就够吃了。

　　归钺又饿又乏，匍匐在路上。父亲看见了，更觉得他不顺眼，说："你不在家好好呆着，跑到外面做乞丐。"说着又将他打了一顿，差点将他打死。等到父亲去世后，继母又将他赶出家门。于是，归钺就跟随盐贩子以卖盐为生。每每归乡见着弟弟都要问一些继母的情况，得知继母爱吃甘鲜之物，就将自己积攒下来的钱财交给弟弟，让弟弟给母亲买来吃。后来，遇到饥荒年，继母生活很困难，差点不能养活自己了。归钺就提出由自己来侍奉继母。继母开始觉得心里有愧，不好意思去，后来经归钺诚恳地说服后才点头答应。归钺弄到食物，先给继母和弟弟食用，而自己却饿得脸色发黄。后来，归钺继续奉养继母，一直到她离世。

恪尽孝道是封建统治者所提倡的，天子、诸侯、卿大夫、士等，身处上层社会的人固然应该宣扬孝道。然而，作为一个普通百姓，甚至是衣不蔽体、食不果腹的苦寒贫民，并且还受到过父母的冷落或家庭暴力，他们要不要遵守孝道呢？虽然由于经济条件的限制，他们不可能像高官显贵一样给父母最好的衣食，但是他们的孝心却要比显贵们有过之而无不及，归钺的孝行就证明了这一点。

每食舍肉

欧阳守道，字公权，一字迁父，宋朝吉州（今江西省吉州县）人。他是文天祥的老师，和蔼可亲，人品极好。小时候家里穷，没有钱让欧阳守道上学，欧阳守道只能自己在家里苦学，而且进步非常快。乡里人见他学识渊博，聘请他为私塾的老师。

他侍奉母亲非常周到，每当学生家长请他吃饭，他自己不吃肉菜，而是拿回家去奉养母亲。请他吃饭的人见状，就准备了食具协助他装饭菜带回家。他每次都是先派人把饭送到母亲面前，自己才肯食用。邻居们都被他的孝道所感动。

欧阳守道的兄嫂早逝，丢下两个孩子，大的才五岁，小的出生才几个月。他毫无怨言地抚养这两个侄子。由于没钱雇请乳妈，他日夜抱着两个孩子哭泣。邻人见他如此孝悌，感叹不已。

给父母锦衣玉食未必就是孝，孝是一份发自内心的至诚之情，一个真正的孝子对父母是一种发自内心的牵挂，他们懂得把自己最好的东西留给父母。如果在贫寒时能够做到"每食舍肉"，那么以后飞黄腾达了也不会忘本。

为母储存锅巴

陈遗是南朝宋初的吴郡（今江苏）人，在郡里做主薄时，只要他在外面就会随身带一个口袋，因为他非常孝顺，他母亲喜欢吃锅巴，所以陈遗每逢煮饭，就把锅巴储存起来，等到回家就带给母亲。

后来，琅琊人孙恩贼兵侵入吴郡，一时间整个江浙沦陷。内史袁山松马上要出兵征讨，这时陈遗已经积攒到了好几斗锅巴，本来是要带给母亲的，但因来不及回家，便带着随军出征。双方军队在沪渎开战，袁山松的军队打败了，全部溃散，都逃跑到山林沼泽地带，由于缺少衣服，又没有吃的，多数人饿死了，而陈遗靠着随身带的锅巴活了下来。当时人们认为这是上天对他敦厚的孝心的报答。

陈遗在外征战的时候，他的母亲因为听说兵败而担心得日夜哭泣，最后眼睛失明，耳朵也听不到了。见到母亲这种情况，他痛哭不已，母亲的眼睛竟然又奇迹般地复明了。

故自天子至于庶人，孝无终始，而患不及者，未之有也。

【经言札记】

总的来说，孝道没有高低之分，也无始终之别。凡是为人子女的，都应站在自己的角色上，尽其应尽的责任，大而为国为民，小而保全其身，都算是尽了孝道。只要把这一颗爱敬的本心放在孝亲上，做每件事情之前自然都会站在父母的角度考虑一下问题，时时念父母亲恩，也就不敢去作一些违法的事情了。因为自己的一言一行，都会牵连到无辜的父母、让父母担忧，这样，不但家庭方面会获得莫大的幸福，而且对国家社会的秩序稳定也有所裨益。如此世界大同的理想，也就不难实现了。

【故事演绎】

董永遇仙女

中国古代有位孝顺父母、感动天仙的贤人，他名叫董永。董永十五岁不到就父母双亡了，他自叹自己没有福气，父母走了，没有一个亲人，想到这里他就止不住泪水往下流。由于家里很穷，又没有任何亲人和朋友，所以董永没有钱财来安葬父母。为此，他就只好把自己卖了，用卖自己的钱来安葬父母。于是便有人来牵线搭桥，商量了价钱。买方是个富人，只肯出八十贯钱，而董永偏要百千来贯才肯卖。讨价还价后，终于买卖成交。

董永拿了钱回家，拣择了一个黄道吉日来安葬父母。父母遗体还在堂屋中，董永又让人将棺材抬了出来。董永一看见父母遗体，便号啕大哭，直到声音嘶哑。安葬那天，乡亲们都来送葬，跟随着丧车一直来到墓穴旁。一切掩埋都完毕后，董永再一次大哭起来，直到第三天覆墓的仪式之后，他才拜辞父母，自己去还债。

董永告辞了东邻西舍，便上了路。走了没几里，路上遇到一位女子来询问道："郎君住在何方？何姓何名？请你一一实话说一遍。"

董永说："既然娘子垂问，我就一一说来，毫不隐讳：本来住在朗山下，知姓称名，叫董永。一日，慈母忽然患病，没有多久就身亡了，父亲也在先前得病死了。我想把父母合葬，可是没有多少钱财办丧事，就卖了自身来葬父母。"

女子说："你家的庄田为何不卖，却拿自己的身体去往奴仆的行列里钻？不卖庄田，却卖身为奴，背井离乡，给富人做奴仆，多么愚蠢的事呀！"

董永说："娘子！你那么关心我，真令人感激，我要为此告诉父母的亡魂一声。"

女子说："郎君你如今行孝义感动了天堂，天帝在天宫亲自嘱咐，让我下到人间与你共同偿还债务。我愿和一起做普通人，让我与你百岁偕老，一

起去做奴仆。"

董永听后，上前就跪拜说："我失去父母，心里万分惶恐，感谢你来帮助我！"

于是，他们一同来到富豪主人家门前，主人出来说："买卖的是一个人，价钱都已商定，为什么还有个女人站在门边？"

董永就实话回答说："这女人本来住在阴山乡，现在他是我的娘子。"

主人又问："这女人身上有何本事？"

董永回答说："善于织布织锦。"

于是，主人给了他们两间房子，把丝线都交给他们。主人把数量都计算出来了，一共要一千匹锦缎才能还清债务。丝线一切交割完毕，这娘子便巧妙地织起锦来。以往人们织一束锦的话，就会梭声动地。可是，董永娘子每天白日里都不织锦，而每到夜里就调弄织机，神奇地织起来。织的锦呀，上面的图案鸳鸯成对，凤凰成双，优美绝伦。织成了锦就裁下来，折叠好了放进箱子。没过多久，锦就织完了，锦织完了，也就意味着仙女该走了。虽然二人都依依不舍，但天命不可违，二人只能忍悲分手。

虽然这只是一个美丽的神话传说，但是这个故事却在中国流传了好几百年，而且各地各朝都有不同的故事人物原型。这其中寄托了人们对孝子贤孙的向往，寄托了对孝行的赞美。或许孝行真的能够感天动地，为人们带来好的报应。

一代名将孝子心

在许世友一生的情感世界里，占有绝对重要位置的一个是毛泽东，一个是他的母亲。"活着尽忠，忠于毛主席；死了尽孝，替老母守坟。"这便是他常挂在嘴边的一句话。

许世友的母亲许李氏，是一立淳朴、忠厚的山区劳动妇女。1905年2月28日（农历正月二十五日），许李氏生下了她的三伢仔许仕友（红军长征后，毛泽东为他改名为许世友）。就是这个三伢仔，由于营养不良，那小胳膊、小腿瘦得简直像个柴火秆，到两岁多了，还站都站不稳。时逢连年灾荒，一家九口，缺衣少食。许世友的父亲许存仁在万般无奈的情况下，准备以两斗稻谷把三伢仔卖给人贩子，但许李氏不顾一切地扑了过去，死活都不肯放手，三伢仔最终没被卖掉。

父亲早逝，使得支撑门户和抚育子女的重担全都落在了母亲的肩上。在童年许世友的心目中，母亲是世界上最了不起的人。许世友以后那倔强、果断、勤俭、自立的个性，大都得源于母亲以身示范的启蒙。

许世友8岁那年，为了吃上一口饭，活上一条命，母亲把他交给了一个善良厚道的少林武僧，让他到嵩山少林寺打杂学艺。分手之际，母亲从手上脱下那堪称家中唯一财产的、她当年的陪嫁品——一副银镯子，交给她的三伢仔，叮嘱道："今后有娘这副镯子在你身边，你就不会想娘了。记着，好好用功学艺。"

到了少林寺，老方丈告诫他："家有家法，寺有寺规。入寺要受戒，受戒就要削发为僧、灭七情、绝六欲、不认爹娘……"许世友听后，忙说："师父，俺来学艺练武就是为了俺娘，往后学成了养俺娘。你要是不让俺认娘那俺就不学了，俺这就回家去了。"老方丈道："念你对母一片孝心，又是远道而来，就在留下来做个杂役吧！"

从此，许世友开始了在少林寺的杂役生活。8年后，16岁的许世友艺成返家。母亲见昔日的三伢仔长高了，长壮了，她那长满皱纹的脸庞上，流露出了幸福的微笑。

许世友从少林寺归家后不久，恶霸地主的少爷李满仓无故寻衅闹事，殴打了许世友的大哥，还污辱许世友的母亲。许世友怒火心中烧，一两拳就打得那小子一命呜呼。许世友知道自己闯下了大祸，决定离家避祸。临走前，他从内衣口袋中掏出了8年辛苦换来的20块大洋，双手敬给母亲。可是，当他在追赶的狗吠声中跑出村外时，却发现20块大洋又回到了自己的小包袱中……后来，许世友当上了农民敢死队的队长，在木兰山一带打游击。还乡团举着屠刀回来了，母亲带着儿女们东躲西藏，历尽艰难。在大别山的一片野林里，许世友背着大刀找到了母亲，"扑通"一声跪下："娘，孩儿不孝，俺参加革命连累您了。""傻孩子，别说这些。共产党好，共产党报了咱家的世代深仇。你参加革命，娘高兴。"

红四方面军要西征了，刚办完婚事的许世友接到了出发的命令。许世友又跪在母亲面前说："娘，部队要走了，今夜就出发，你让俺去吗？"母亲先是一惊，继而缓缓说道："娘不拦你，你去吧！"这次一别就是十多年，直到1948年初秋的一天，母亲才从当地党组织负责人那里得到她的三伢仔的消息："世友同志没有牺牲，他现在担任解放军山东军区司令员，正率部辗转于山东大地……"

不久，远在济南的许世友收到了母亲捎来的书信，还有母亲亲手做的布鞋、鞋垫等物，他那思念母亲的感情像闸门一下打开了。一星期后，许母便被儿子派人接到了泉城。

儿子为母亲敬孝，母亲当然十分高兴。可是，过了一星期，母亲就住不下去了。她不习惯这里的生活。儿子理解妈妈，更敬重妈妈。他愿意满足妈妈的一切愿望。于是，许母又回到了大别山下的那个小村子。

1957年冬，南京军区司令员许世友回到了家乡。这是许世友建国后第一次回乡，也是他最后一次与母亲相见。

那一天下午5时左右，许世友跨进家门轻轻地喊了一声："娘。"

许母一听这熟悉的声音，就连忙放下手中的活儿，惊喜地打量着这个突然出现在眼前的儿子，喃喃地说："噢，真是我那三伢仔呀。"许世友紧紧地搂扶着年迈慈祥的母亲，双眼闪动着不易轻弹的游子泪。

离别的时候，许世友用他那双厚实有力的大手，拉着母亲久久地说不出一句话。还是母亲先开口了："孩子，你放心地去吧。"

许世友含着泪水安慰母亲："娘，您放心，俺还会回来看望您老人家的。"说完，他举起右手向母亲行了一个庄重的军礼。

不想这一别，竟成母子的永诀。

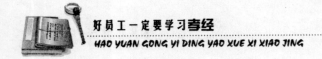
1985年10月22日，一代名将许世友同志在南京逝世。10月26日下午，受党中央领导同志委托，王震将军向许世友将军的遗体沉痛告别，并转达了中央对许世友后事的处理意见：许世友同志是一位具有特殊性格、特殊贡献的特殊人物。许世友同志土葬，是毛泽东主席生前同意的，邓小平同志签发的，这是特殊中的特殊。

共和国的两代伟人，满足了许世友将军死后完尸土葬、伴母长眠的要求。

在父母合葬墓东北面约50米的地方，耸立着许世友将军的陵墓，墓碑上仅有简单的7个字："许世友同志之墓。"

许世友终于又回到了母亲的身边。

许世友伴母长眠的愿望得到了满足，这其实也是人们对其至诚孝行的一种嘉许，我们从中也可以看出孝行的可贵。

孝之美

——三才章第七

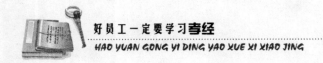

本章题解

　　听了孔子所讲的五等孝道以后，曾子赞美孝道的博大。孔子又更进一步给他说明孝道的本源，是取法于天地，立为政教，以教化世人。这也是儒家思想能够被推崇和发扬的重要原因。

经文释译

曾子曰："甚哉①，孝之大也！"子曰："夫孝，天之经②也，地之义③也，民之行④也。"

【注释】

①甚哉，孝之大也：孝的道理是多么高深伟大啊！甚，很，非常。哉，语气词，表示感叹。大，这里主要指孝道内涵的广博和其作用的广大。

②天之经：如天道日月星辰的运转，永恒不变。经，常规，原则，借指永恒不变的规律。

③地之义：如大地顺承天气，孕育万物，各得其宜。所以人要取法于地道，如大地顺承天气一样，终身奉养孝顺父母。义，适宜。

④民之行：是说孝道为人的一切行为中最根本的品行，是符合人本性的必然行为。行，品行，行为。

【译文】

曾子说："哎呀！孝道有这样大的关系！"孔子听见曾子赞叹，知道曾子对于他所讲的五孝，已有所领悟。所以又说："你知道这个孝道的本源，是从什么地方取法来的吗？它取法于天地。天上有三光照射，能够四季轮转，以生物覆帱为常，是为上天永远不变的规律。地有五土之性，能长养万物，以承顺利物为宜，是为地之义。人的行为如果符合上天的规律，则能够慈爱。得地之性，则能够恭顺。慈爱恭顺，与孝道相合，所以能够作为民众

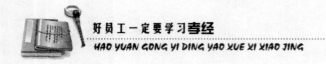
的表率。"

　　天地之经，而民是则之①。则天之明②，因地之利③，以顺天下④。是以其教不肃而成⑤，其政不严而治⑥。

【注释】

　　①天地之经，而民是则之：天地这种永恒不变的道理，人们应当效法它。是，因此，由此。则，效法。

　　②则天之明：效法太阳照耀大地的道理。

　　③因地之利：善用土地顺承万物的利益。

　　④以顺天下：这里是说圣王把天、地、人这"三才"融会贯通，以孝道治理天下，天下就会民心顺从。以，用来。顺，理顺，治理好。

　　⑤是以其教不肃而成：因此其教化不用严厉的态度就可以达到目的。

　　⑥其政不严而治：不用严厉的手段就可以使天下太平。治，平治，指天下安定太平。

【译文】

　　人生于天地之间，当效法天经地义以为常道，而实践力行。但是爱亲之心，人人都有，其中的道理，知道的人很少。唯有圣明的首领，效法日出日落的规律，教民出作入息，夙兴夜寐。利用地之宜，教民耕种五谷，生产孝养。以上法则，都是顺乎天地自然之理，以治理天下。这种教化，合乎民众的心理，民众自然都乐意听从，所以教化不待警戒而自成，政治不待严厉而自治。

先王见教之可以化民①也，是故先之以博爱②，而民莫遗其亲③，陈之于德义④，而民兴行⑤。先之以敬让⑥，而民不争⑦；导之以礼乐，而民和睦⑧；示之以好恶，而民知禁⑨。

【注释】

①化民：使人民被感化。

②先之以博爱：率先实行博大的爱。先，指率先实行，带头去做。

③民莫遗其亲：人民就不会抛弃其亲人。

④陈之于德义：向人民陈述道德仁义。陈，陈述，讲述。

⑤兴行：奋起实行。

⑥先之以敬让：率先实行恭敬谦让。

⑦不争：指不为获得地位、钱财等而与人相争。

⑧导之以礼乐而民和睦：以礼乐引导人民，则人民和顺亲睦。儒家认为，"礼"能使天地之间的万物尊卑高下都有秩序，使人找到适合自己的角色。"乐"使天地之间的万物和谐，融洽共处。因此主张礼乐可以用来作为治理天下，教化人民的重要工具。

⑨示之以好恶而民知禁：晓示民众什么事情值得喜欢，什么事情应该厌恶，人们知道有禁令而不去以身试法。

【译文】

先代圣王，看到教育可以辅助政治、化民成俗，所以他以身作则，先例先行，倡导博爱，使民众效法他的博爱精神先爱其亲，因而莫有遗弃其亲的人。宣扬道德和仁义，以感化民众，民众自然会兴起力行。对人、对事，

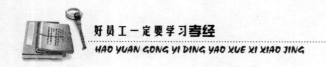
先实行敬谨和谦让，以为天下民众的表率，民众自会效法他的敬让，不会发生争端。诱导民众以礼乐教化，民众自然就相亲相敬，和平相处。再晓示民众，使知为善当有庆赏，作恶当受刑罚，民众自然晓得禁令的严重性而不敢违犯法纪了。

《诗》云："赫赫师尹，民具尔瞻①。"

【注释】

①赫赫师尹，民具尔瞻：出自《诗经·小雅·节南山》。赫赫，指声名隆重，大名鼎鼎，很有气派的样子。师，指太师，是周三公（太师、太傅、太保）中地位最高者，辅佐天子治理国家。尹，尹氏。师尹，指担任太师的尹氏。尔，你。瞻，仰望。这句意思是那大名鼎鼎的周太师尹氏，人民都在仰望关注着你。

【译文】

《诗经·小雅·节南山》中的这一段话，是说明周朝有一位显耀的姓尹的太师官，他仅是三公之一，尚且能为民众景慕和瞻仰如此，如果身为国家元首，以身作则，那天下的民众还能不爱戴和尊敬他吗？

夫孝，天之经也，地之义也，民之行也。

【经言札记】

古人最讲究的就是"天人合一"，无论做什么事情都要顺应天意。而如果违背了天意，便会被视为"不祥"之兆。孝道就像天体运行一样地顺应着天意，它指导着人类的行为规范。

【故事演绎】

力辞王姬

焦华，晋代南安人，父亲为西秦安南将军焦遗。焦华为人谦虚和蔼，而且非常孝顺。一年冬天，焦华的父亲病得很重，想吃新鲜的瓜。可是，当时并不是产瓜的季节，所以焦华很为难，整天茶不思饭不想，一心想着满足父亲的愿望。

有一天，他在梦中隐隐约约听到一个声音："听说你的父亲想吃鲜瓜，我给你送来了。"焦华激动不已，马上跪下，接过鲜瓜。一开心，就笑出了声，于是梦就醒了。可奇怪的是，他的手中竟然真的有一个香气扑鼻的鲜瓜。焦华赶紧拿给父亲享用，父亲刚吃了几口，病就好了。

西秦王乞伏干知道后，提出把自己的女儿许配给焦华。焦华不愿攀龙附凤，拒绝道："娶妻的人是希望夫妻和睦，共同侍奉父母。但是王姬身份尊贵，嫁给我就太委屈了。我家里一没有豪华的家具摆设，二没有丰富美味的

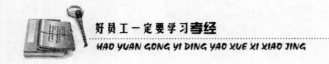
佳肴，因此，我没有能力迎娶国王的女儿。"

焦华拒绝了这门亲事，西秦王非但没有生气，反而很赏识焦华的人品，还让他担任尚书民部郎。

孝敬父母是人之常理，一个人应该报答父母的养育之恩，因为没有父母就没有自己。孝道不是做给别人看的，也不是攀龙附凤的工具。不要企图通过它来获得什么，只要有份真挚的心就能够感动天地、感动世人！

侍宴取饵

徐孝克，南朝陈东海郯（今山东郯县）人，为人极为孝顺，可是他们家很贫寒。父亲去世后，他想尽了办法才把父亲埋葬了。

此后，他就和老母陈氏相依为命，奉养母亲非常细心。战乱期间，人民生活艰难，他甚至连一碗稀粥都无法拿回来供给母亲。无奈中，他只好剃了头去做和尚，讨食物侍奉母亲。当时的南朝皇帝——陈宣帝很欣赏他的为人，任命他为国子祭酒。每当皇帝请宴的时候，徐孝克从不食用任何东西。等到酒席散了，他把美食带回家给母亲享用。宣帝发现后，觉得很奇怪，就去问臣子管斌为什么徐孝克不吃饭。管斌也不知真相，就直接去问徐孝克，才得知原来他把美味佳肴带回家是为了供养老母亲。管斌感动之余如实向宣帝禀告，宣帝立即下令，以后皇帝在宴请群臣时，先让徐孝克把他母亲爱吃的酒菜挑出来。

能够感动人的孝行，绝对不是做作出来的，不是装装样子就行了。孝心可以为一个人带来意想不到的收获，更会受到千万人的景仰。所以，在众多的孝子故事中，主人公都能够因祸得福，甚至平步青云。上天对于孝子的眷顾可见一斑，但是在他们获得各种殊荣以后是否能够不改初衷呢？徐孝克的故事告诉了我们肯定的答案。身居高位仍以母亲的喜好为先，自然能够受朝野内外的青睐了。

保兄如婴

司马光，字君实，北宋陕州夏县涑水乡（今山西运城地区夏县）人，仁宗宝元元年进士，历任龙图阁直学士、翰林兼侍读学士，后任宰相，被封为温国公，谥文正。司马光自幼嗜学，尤喜《春秋左氏传》。为人谦恭，刚正不阿，其人格堪称儒学教化下的典范。其为政原则，清廉仁厚，不卑不亢，秉持道义，以被奉为后世的楷模。

小时候，司马光和小朋友在院子里玩耍，一个小孩不小心掉在缸里，眼看就要被淹死了。大家都被吓跑了，这时候，小司马光沉着冷静，搬来一块石头将水缸砸破，救出了小孩。

司马光不但机智，而且非常尊敬兄长。他和哥哥司马伯康兄弟情深。哥哥快八十岁了，他把哥哥当父亲一样奉养，照顾得非常周到，就像照料婴儿一样细心。吃饭时，他总是关心地询问："哥哥，饭菜可口吗？"每年入冬，他都要摸摸哥哥的背问道："哥哥，衣服是不是穿得有点少了？"

一个人的品德高低能够从生活的各个方面表现出来，哪怕是一言一行，甚至是一个眼神、一个动作，都能够成为判定一个人品质的标准。司马光就是这样一个经得起推敲的人物。他不仅在政治上、历史上扮演着重要的角色，在生活中更是一个孝悌的楷模，在对待自己兄长的每一个细节上，都体现出他对兄长无微不至的关怀。英雄做事可以不拘小节，但是伟人却肯定不会输在小节上。

邵雍与《孝父母三十二章》

邵雍（1011~1077），字尧夫，又称安乐先生、百源先生，谥康节，后世称邵康节，与周敦颐、程颢、程颐、张载并称北宋五子，是北宋理学家。著有《皇极经世》《伊川击壤集》《观物内外篇》《渔樵问对》等。邵雍在其他方面也颇有建树，涉猎广泛，而且"读万卷书，行万里路"，一生游历了很多地方，对地理人文有很深的造诣。当时的名流都很敬重他，富弼、司

马光、吕公著等人，曾集资为他买了一所园宅，题名为"安乐窝"。

另外，其他的北宋五子却没有一个像他那样，留下专著讨论孝，关注孝文化的传播，注重孝净化社会风气的作用。邵雍的《孝父母三十二章》和《孝悌歌》就是专门讨论孝的。《孝父母三十二章》是按照时间顺序来写的，从小孩出生一直写到父母去世，把每个阶段孩子的成长、父母的付出都表述得非常清楚。"如何容易得三年，受怕担惊有万千。儿若病时心更病，何曾一刻得安然。可叹爹娘手内贫，要穿要用懒求人。劝君六饭三茶外，还要供几许钱。"从中可以看出邵雍的《孝父母三十二章》是非常通俗易懂的。体现了邵雍与当时理学家的不同，他更加关注人民的日常生活。

邵雍还是一个孝子，虽然留下的文献没有记载邵雍怎么对待父母的文字，但是记载中有他在父母的丧礼上哀悔尽礼的说法，合乎当时礼制所规定的孝道礼节。

在古代乌鸦被视为孝鸟，据记载，邵雍的出生就和乌鸦有关。一次，邵雍的母亲在山脚下走，这时云雾缭绕，看见山上有黑猩猩，于是李夫人有了身孕，怀上的就是邵雍。当李夫人生邵雍时候，慈乌满庭，被人们认为是喜庆的瑞气。这说明了邵雍一出生，就和孝道扯上了关系，长大后，他也是身体力行，在孝道上作为一个模范，著述宣传孝道。

先王见教之可以化民也，是故先之以博爱，而民莫遗其亲。

【经言札记】

道的本源，是顺乎天地的经义，应乎民众的心理。把孝道作为国君教化民众的行为规范，不但可以使教化推行起来变得容易，就是对于政治，也起了极大的帮助作用。所以，圣人告诉我们"其教不肃而成，其政不严而治"。政教如此神速发展，还有什么话说？前代的君王都深谙孝道的妙用，以身作则，率先倡导。所以，不管你身居何位，哪怕是一国之君，只要身体力行，就都会被民众敬慕瞻仰。

【故事演绎】

李信换头

陈留信义有个叫李信的，从小就非常孝顺长辈。到了他38岁那年，有一天，半夜梦见小鬼来取命，把他带到阴司依法处分。正好经过阎王面前，李信对阎王诉说道："李信自小丧父，与老母相依为命。既然命已尽了，哪敢有什么违抗。只是老母年迈，李信死后，无人照看，但请大王能开恩，让我死在母亲之后。"

阎王问旁边鬼使："李信母亲的寿命有多少？"

鬼使说："有九十岁，还有二十七年。"

阎王说："只有二十七年，放李信回去吧。"

鬼使说："像李信这样的，天下不知有多少，今天若放了他，以后遇到同样的例子就麻烦了。"

阎王听了有理，就仍判李信从死。

众鬼使恨李信上诉，就马上截了他的头和手，扔在锅里煮。正好阎王又派人来，却是要放李信回去，侍奉老母。鬼使对李信说："你的头和手已在锅中煮坏了，没法再捞起来，暂且借别人的头和手，等见过阎王再来换好的头和手，千万不要这样就走了。现在事急，只能先给你胡人的头和手了。"

李信一听能回去，非常欢喜，见过阎王后就回去了，忘了去换好的头和手。李信一梦醒来，头和手都是胡人的，他十分烦恼，对身边的妻子说："你听得出我的声音吗？"

妻子说："声音与平时一样呀，没有不对。"

李信又说："昨夜我梦见一桩怪事，你早上起来时，用被子把我头脸罩

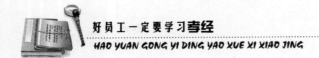

住。要送饭来，就放在床前；出去时关好门，我自己就会起来吃。"

到了早晨，妻子依从李信的话，用被子把他盖好就走了。等到送饭来时，问李信道："有什么怪事？"一边说着就把被子掀开了，只见一个胡人睡在里面。妻子大惊失色，急忙告知婆婆。婆婆拿起棒槌就打李信的头，丝毫不听李信解释。邻里听到声音赶来，问出了什么事。李信才得以诉说缘由，他母亲才知道眼前的是儿子，不由抱头痛哭。

汉帝听说了这件事，惊讶道："自古以来，没有听说过这种事，虽然换了胡人的头和手，但可见他的孝道，已通于神明了。"于是就拜李信为孝义大夫，李信也得以侍奉老母至终。

方观承千里探亲

方观承，清朝乾隆年间人，字遐谷，号问亭，一号宜田，安徽桐城人（今桐城城区凤仪里人）。平郡王幕客。官直隶总督，为清一代名臣，著名的乾隆"五督臣"之一。他是一位出了名的孝子，他千里探亲的故事，至今被人们传为美谈。

方观承的祖父和父亲都曾做过朝廷命官。清朝的文字狱使其祖父、父亲因一朋友写了一书而被株连，流放到黑龙江充军服役，其家产也被没收充公。年幼的方观承兄弟无依无靠，只得到寺庙中暂栖其身。

在寺庙中，方观承兄弟也能够勉强度日，但方观承最想念的还是祖父和父亲。他们兄弟年岁稍长后，便鼓足勇气，向长老提出请求，允许他俩前往边疆探望长辈。长老念及二人年幼，尽管有孝心，恐怕其不能成行，便极力劝阻。方观承则恳求说："祖父、父亲遥在天涯，对家中亲人必定倍加思念，我们若能前往，定会能让他们感到些许慰藉。这样，我们即使受点折磨，遭受点艰难，也在所不辞。请长老恩准，让我们启程。"

方家兄弟的一番言辞，感动了长老，长老送其路费，含泪目送他们踏上探亲路程。

一路上，他们风餐露宿，跋山涉水，忍饥挨饿，搀扶相行，衣破成条，脚生老茧。几个月后，他们终于见到了两位老人。四人抱头痛哭之后，祖父、父亲心中为自己有这样的孝顺后代顿生快慰，一家四口人陶醉在融融的天伦之乐之中。

后来，方观承多次往返南北看自己的祖父和父亲，并在祖父和父亲的勉励下刻苦读书，成为一位饱读诗书、见多识广、人情练达的豪士。

冯玉祥买肉孝父

冯玉祥将军不仅是个著名的爱国将领，而且还是个远近闻名的孝子。

旧社会当兵是个苦差事，当兵的经常发不上军饷，逢初五、初十还要打靶。每到打靶的日子，父亲念其年幼身弱，总想方设法给儿子凑几个小钱，让他买个烧饼充饥。可懂事的小玉祥看到家里日子艰难，父亲腿又有伤，正需补补身子。但如果不要这钱，父亲又会生气。于是他就把父亲给的钱一个不花，攒了起来，过了一段时间，他把自己平时省下的一点饷钱凑在一起，到肉店买了二斤猪肉，请假回家给父亲烧了锅焖猪肉。父亲见后顿时生疑，便质问这肉的来历。冯玉祥深知父亲的严厉，只好如实道来。听后老父亲一把拉过懂事的孩子，一句话也说不出，眼泪扑簌簌地掉了下来。

20年后，冯玉祥有次忆及此事，感慨万千，并即兴写了一首打油诗："猪肉二斤买回家，手自烧熟奉吾父。家贫得肉良非易，老父食之儿蹈舞。"

具有爱父亲、孝敬父亲精神的冯玉祥，成为孝敬长辈的好楷模，为当今的青少年做出了很好的榜样，值得人们去学习。因为，父母为孩子的付出从来不要报酬，这也是为什么孩子要孝顺父母的原因之一。

孝的功用

——孝治章第八

本章题解

　　孝治是说，以孝治理天下。

　　这一章，是说天子、诸侯、大夫，若能用孝道治理天下，那便能得到人民的欢心。能得到人民的欢心，就孝治的本义来说，也就是不敢伤害人，不敢怠慢人的表现。

经文释译

子曰："昔者明王①之以孝治天下也，不敢遗②小国之臣，而况于公、侯、伯、子、男③乎？故得万国之欢心，以事其先王。"

【注释】

①明王：英明的君主国王。

②遗：遗弃。

③公、侯、伯、子、男：周代诸侯的五等爵位名，依其功勋与国土之大小，由周天子分封。

【译文】

孔子进一步给曾子分别说："很久以前的明哲圣王，用孝道治理天下的时候，以他爱敬的心以爱敬他人。即使对于附属小国派来的使臣，都不敢少了礼节与不尊敬，何况自己直属的封疆大吏如公、侯、伯、子、男呢？那自然更不敢轻视慢待了。因对万国的诸侯不敢失礼，那万国的诸侯也对他欣然服从，远近朝贡。像这样丞事其先王，那孝道就算尽到极点了。"

治国者①不敢侮于鳏寡②，而况于士民乎？故得百姓之欢心，以事其先君。

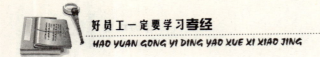
【注释】

①治国者：治理国家的君主，指诸侯。

②鳏寡：鳏夫寡妇。引申为孤苦无依的人。

【译文】

很久以前的诸侯，效法天子以孝道治理天下的方法，而以爱敬治其国。爱人的人，也受人爱戴；敬人的人，也受人敬重。连可怜无告的鳏夫寡妇都不加以侮慢，何况一般的士民呢？因此，就能得到全国百姓的欢心，竭诚拥戴。照这样奉事其先君，难道不是不是尽到了孝道吗？

治家者①不敢失于臣妾②，而况于妻子乎？故得人之欢心，以事其亲。

【注释】

①治家者：指公卿，大夫。家，指乡邑。

②臣妾：指服贱役的男仆女婢。

【译文】

很久以前的卿大夫等治家者，以他们的爱敬之情，下达于臣妾，虽较疏远的男仆和女佣，都不敢对他们失礼，何况最能爱敬自己的妻子呢？所以，人无分贵贱，谊无分亲疏，只要取得大家的欢心，以奉事其亲。那自然夫妻相爱、兄弟和睦、儿女欢乐、主仆快愉，一门之内，一片太和气象。以此孝道治家，不就是理想的家庭吗？

夫然①，故生则亲安之②，祭则鬼享之。是以天下和平，灾害不生，祸乱不作③。故明王之以孝治天下也如此。

【注释】

①然：这样，如此。

②生则亲安之，祭则鬼享之：父母在世的时候，安心接受儿女的孝养；死了之后，成为鬼魂，也很乐于享受子孙的祭祀。鬼，指父母的灵魂。

③祸乱不作：祸，灾祸。乱，反乱。作，发生。

【译文】

假如能依照以上所讲的以孝道治理天下国家，自然能得到天下人的欢心，那做父母的人，在生存的时候，就可安心享受他们儿女的孝养，去世以后，也就很欢欣地受用他们儿女的祭礼。照这样治理天下国家，将会是气象平静，水、旱、风、火，病、虫、疠疫等的灾害，不会在这个和乐的人间产生。战争流血、盗匪猖獗的祸乱，也不会在这个和平社会里出现了。从这里可以知道历代明德圣王以孝治天下国家的效果，是怎样高明了。

《诗》①云："有觉德行，四国顺之②。"

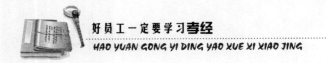

【注释】

①诗：指《诗经》。此句见《诗经·大雅·抑》篇。

②有觉德行，四国顺之：天子有伟大的德行，四方各国都来朝贺，归顺。觉，伟大。四国，四方各国。

【译文】

《诗经·大雅》篇中这两句是说，一国的元首有很伟大的道德行为，那四方万国的人，都会被感化得心悦诚服，没有不顺从他的。由此可以证明，以孝道治理天下国家，再也没有比这更好的方法了。

解读运用

昔者明王之以孝治天下也，不敢遗小国之臣，而况于公、侯、伯、子、男乎？

【经言札论】

古代的人民对孝道是很重视的，他们的尽孝并不局限于自己的父母，而是把这种孝敬的心推广到比较疏远的、不熟悉的人群之中去，使人人都能享受到孝心的待遇。像这样以孝德感召，使人人尽孝，在社会上形成一种良好的风气，还愁国家不强盛吗？但是，不提倡以仁孝治理天下，那爱敬之道将拘于狭隘，到时候家也不能保，国更不能治。即使科学再发达、武器再精良，也不是长治久安之道。孟子曾说："天时不如地利，地利不如人和。"

如果以孝道治理天下，先得了人和，有了人和自然会国泰民安。

【故事演绎】

张嵩孝母

张嵩，陇西人，历史上有名的孝子。他在8岁的时候，母亲患了重病，躺在床上不思饮食。有一天，她忽然想要吃堇菜，儿子张嵩听说后，连忙跑到野地里去找。

但是，当时正是冬天，野外四下冻住了，只有一片一片的枯草，一丝绿意也没有。张嵩把四处都找遍了，还是没有看见堇菜的踪影。于是，他放声大哭："娘啊，您辛辛苦苦把我养大，我却无法报答您。现在您患病了，啥时候才能康复啊。假如上天怜悯我，就让堇菜生长出来些吧。"

他哭啊哭，从早上一直哭到中午，天空都好像为之变了色，红红的太阳躲了起来，乌云越压越低，终于下了一场大雨。雨过天晴，张嵩惊奇地发现有无数棵堇菜破土而出。原来老天爷被他的孝心给感动了。于是，张嵩便采了许多堇菜回家，母亲吃了堇菜后，很快就能下地行走，病也很快好了。

张嵩20岁后不久，母亲就生病去世了。张嵩家里十分富有，仆役成群，但做棺材、筑坟墓他一律自己动手，不肯让奴仆出力，送葬的时候也不让别人帮忙。他们夫妻二人亲自把母亲的棺材背上车，然后张嵩让妻子在前面拉车，他自己则在后面推着，一同向坟地走去。

当时狂风暴雨大作，路上的淤泥可以没过膝盖。但奇怪的是他们送葬所经过的路上却是干干净净的，没有一点灰尘。

张嵩把母亲安葬完毕，又哭了一场。此后他天天亲自为母亲培土、修坟、扫墓，天天一边做这些事一边哭，哭得头发都掉光了。就这样过了三年。

有一天，张嵩又伏在墓碑上哭。这时，在坟墓的正北方向响起了隆隆的雷声，越传越近。伴随着雷声又有一道风云来到了张嵩身旁。风云像长出了双手，抱着他把他放在东边距坟八十步远的地方。然后一道闪电划破长空，像一把利剑直劈入坟冢，把坟劈成了两半，露出来棺材。

张嵩非常惊骇，连滚带爬地移动到棺材旁边，看见棺材上写着："张嵩的孝心通达于神明，神明念你一片至诚的心，暂放你母亲回去，她还有三十二年阳寿，你要好好地侍奉她。"

听说了这件事的人都啧啧称奇。众人都说从古至今，还没听说过这等事呢。最后传到皇宫中，皇帝也知道了，大为感动，便拜张嵩为金城太守，后来又升迁为尚书左仆射。

爱比恨只多一笔

父母离婚后，他和妹妹跟了母亲。父亲搬出去，和别的女人一起离开了小城。

母亲常常呆坐在家里，有时候精神恍惚，单位领导便替她打了病休报告。

长大是一件不容易的事。那时，他只恨自己长得太慢。为了省几个钱，他去很远的郊外打荒草，再背回来。

母亲的间歇性精神病发作了，他常常把泪往肚里咽了又咽，终于没有哭出来。

他没考大学，工厂子弟学校正在招老师，他居然考上了，做了名体育老师。后来，他结了婚，日子过得磕磕绊绊。就算母亲犯了病，损坏了东西，妻子也不吭声。他觉得，这就满足了。

刚过上安稳的日子不久，父亲回来了。原来，那女人花光了他的钱，又跟别人走了。父亲说："好歹你是我儿子，有血缘关系。"

儿子说："该养儿子时，不见你的影子；快要养老时，你就跑出来当爸。"

母亲走过，拉住儿子的手，说："让他回来吧……"

儿子不吭声，抽了一地的烟头。末了，他问母亲："你真的不恨他？"

既是问母亲，又是问自己。

他去了父亲居住的小屋。已是深秋，那里冰冷冰冷的，只有一张小床、一个小电炉和几包方便面。

父亲见到他，紧张得像一个孩子，说："坐吧。"

他坐在床上，居然比父亲高了一截。两个人都抽了烟，很快屋里烟雾缭绕。后来，他站起来，走到门口，父亲跟在后面。他说："周末，我来接你。"

他在离家很近的地方，给父亲租了房，跑前跑后地忙着装修，墙壁是他亲自粉刷的，屋里的桌椅碗筷，都是他去买的。做这些事时，他居然有些欣喜，他发现他好像不恨父亲了。

妹妹来了，说："哥，你想妈了？"

他点了点头。

母亲跟着父亲生活，很久都没犯病。他经常去，坐在小院里，很少说话，就看着他们。

他看到父亲给母亲梳头，很轻很轻，掉的头发，他一根根拾起来，放进一个小盒子里。

父亲说："老伴啊，叶子都掉光了，我们这两棵老树，就该走啦。"

母亲微微一笑。

他站起身，他的心变得宽广了许多。

那天，他教邻居的孩子写字猛然发现，爱比恨只多一个笔画。就这么一笔，写出的却是人间的冰火两重天。

父亲，养孩子时不见，养老的时候回来，要和这样的父亲尽释前嫌，是要有着一颗"孝心"和"爱心"的。

是以天下和平，灾害不生，祸乱不作。故明王之以孝治

天下也如此。

【经言札记】

俗话说"家和万事兴"。家是否"和"，就是看一个家的融洽程度，而其中起主要作用的就是孝的运用。试想如果儿子尊敬父母，那么儿子的儿子也会是一个孝顺的人，他们构成的团体，必然是相互尊敬的，一切干戈、争吵都能够被调节，家庭成员之间的关系都将非常和谐。

【故事演绎】

因赦减租

宋朝婺源（今江西省婺源县）有一位叫汪廷美的人，他是一个笃实忠厚的人，从小就很孝顺，和族人相处得非常融洽。

汪廷美的族人一共二百多人，他和族人们一起生活了数十年，关系都十分和睦。每天早上、晚上吃饭的时候，如果有的族人没能按时前来，其他的族人都不会开始吃饭，而是要等大家都来了之后一块享用。

汪廷美生活节俭，为人很朴实，不虚荣。他常穿粗布衣服，没有祭祀活动是一概不吃肉的；为亲人办丧事时，他遵守古礼，拒绝见客；每当祖父的忌日，他都不出家门，在屋里斋戒纪念祖父。后来朝廷减了老百姓十分之二的赋税，他也随即减去佃户十分之二的地租。

有一年春季，村里有个人把汪廷美家的鹅偷走了，他问那个人为什么要偷，那人说是夏天快到了，要用鹅来祭祀祖先。他听后，认为此人很有孝心，不但没有把鹅要回来，而且还送给他很多祭祀用的美酒。

后辈人犯了什么错误，汪廷美也不会打骂教训，而是耐心地给他们讲古今做人的道理，启发他们自己醒悟过来。

或许，汪廷美以爱己之心爱人的行为，不是源于他从小的孝行。但是孝行对他做人做事的重要影响却不可小觑。同时，族人间融洽的人际关系，也是他孝行产生必不可少的因素。

含唾煦母

元朝汀州宁化（今福建省宁化县），有个叫赖禄孙的人，是个大孝子。当时贼寇作乱，他背着母亲，带着妻儿，和乡亲们一块去山里避难。

进山途中，遇到了贼寇，乡亲们四处逃散，只有赖禄孙守着老母亲，寸步不离。贼寇举起刀要砍老母亲，赖禄孙一个箭步冲上去，用身体护住母亲，大声说："你们要杀就杀我，不要伤害我的母亲。"母亲这时口干舌燥，没有水喝，赖禄孙就用唾液给母亲止渴，以减轻母亲的痛苦。看到这个情景，贼寇们很是感动，不忍心伤害他们母子俩，并且还端来了水给赖禄孙。这时有个贼寇想抓走赖禄孙的妻子，却遭到其他许多贼寇的制止："不能侮辱孝子的妻子！"最后，他们一家人安然无恙地走了。

孝心可以治理国家吗？不用怀疑，因为它有巨大的感染力！人皆父母所生，每一个人的天性中都有无法泯灭的良知，而孝行是唤起这种良知的最大动力。以至诚的孝道来治理国家，收到的效果绝对要比冷酷的刑罚好得多。赖禄孙的孝行能够感动冷酷的强盗，更加能够感染寻常的百姓。

谨侍兄疾

明朝朝邑（今陕西省大荔县）有兄弟两人，叫韩邦奇和韩邦靖，他们一起考上了进士。

后来，韩邦靖做了山西左参议，守卫大同。当时赶上了荒年，老百姓吃不到粮食，无数人都被饿死了，乡下甚至出现了人吃人的现象。韩邦靖见此情景，想尽快帮助百姓渡过灾难，于是就上书给朝廷报告此事，希望朝廷能赈济灾民，但是却没被通过。他便对朝廷失去了信心，因此就想辞官归隐，

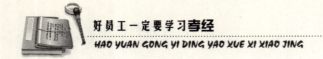

但还没得到朝廷的批准，就自己先动身上路了。乡亲们知道后，自发组织起来，站在路旁痛哭流涕，劝他留下来。韩邦靖含着泪回到家乡，不久后就病逝了。后来他的哥哥韩邦奇也做了山西参议，来到大同，百姓知道他是韩邦靖的哥哥，都纷纷出来迎接他，并激动得痛哭流涕。

在此以前，韩邦奇曾经身患重病，卧床不起一年多。韩邦靖非常担心哥哥的身体，亲自服侍哥哥。给哥哥喂药前，他都要先尝一下冷热。后来，韩邦靖病重，哥哥韩邦奇也是不分昼夜地照顾他达三个月之久。韩邦靖去世后，哥哥只吃简餐素菜，穿了五个月的孝服。乡亲们都很感动，为他们立了一块孝悌碑。

中国人注重孝道，对于孝悌之人自然更加敬重。孝悌碑是为孝悌之人树立的，但它却不仅仅只是一种外在的表彰形式，更代表了一个民族坚固的心灵支撑。

圣人以德治天下

——圣治章第九

本章题解

圣治：圣人之治天下。

　　本章讲的是，因曾子听到了孔子说明的王以孝治天下而天下很容易实现和平以后，再问圣人之德，有没有比孝道更重大的呢？孔子因问而说明圣人以德治天下，没有再比孝道更大的了。孝治主德，圣治主威，德威并重，方能成圣治。

经文释译

曾子曰："敢问圣人之德，无以加于孝乎①？"子曰："天地之性，人为贵②。人之行，莫大于孝。"

【注释】

①敢问圣人之德，无以加于孝乎：很冒昧地请问，圣人的德行，有没有比孝道更重大的呢？敢，自言冒昧之词。

②天地之性，人为贵：天地万物所本身具有的性质，以人为最尊贵。性，指万物得诸自然的禀赋。人与物均得天地之气以成形，禀天地之理以成性。

【译文】

曾子问："圣人之德有没有比孝道更重大的呢？"孔子说："天地之间，人与物，都是得到天地之气以成形，禀天地之理以成性。但物得气之偏，其气蠢；人得气之全，其质灵。因此，人能全其性，尽其情，故能与天地相参，而物不能。故天地之性，唯人为贵重。若以人的行为来讲，再没有大过孝的德行了。"

孝莫大于严①父，严父莫大于配天②，则周公③其人也。昔者，周公郊祀后稷以配天，宗祀文王于明堂，以配上帝。是以四海之内，各以其职来祭④。夫圣人之德，又何以加于孝乎？

【注释】

①严：尊敬。

②配天：祭天时以祖先配享。配，配享。以他神附于主神，一同祭祀。如天子为崇仰他的先祖，使与天同享。唯天为大，至尊无对，而以自己的父亲配之，则尊敬之者至矣。

③周公，姓姬，名旦。周武王的弟弟，成王的叔叔。武王崩，成王年幼，周公摄政。周代的礼乐制度相传都为周公所制订的。

④是以四海之内，各以其职来祭：所以四海之内的诸侯们，都以其职分所当然，全部来助祭，敬供郊庙之事矣。四海，指天下。

【译文】

万物出于天，人伦始于父，因此孝行之大，莫过于尊严其父，尊严其父，如能尊到祭天时，让父亲享受祭礼，那就尊到极点了。自古以来，只有周公做到这一点。当初，周公在郊外祭天的时候，把他的始祖后稷配把天帝；在明堂祭祀，又把父亲亲配祀天帝。因此海内的诸侯，各带官职来助祭，光先耀祖，何大于此。孝德感人知此之深，这圣人的德行，又怎么能大过孝道呢？

　　故亲生之膝下①，以养其父母日严②。圣人因③严以教敬，因亲以教爱。圣人之教，不肃而成，其政不严而治，其所因者本也。父子之道④，天性也，君臣之义也⑤。父母生之，续莫大焉⑥。君亲临之，厚莫重焉⑦。

【注释】

　　①故亲生之膝下：所以人亲爱父母的心，开始于童幼时期，当在父母膝下嬉戏时，便知尊敬爱戴父母。膝，大小腿相接的关节处。膝下，指父母身边。

　　②日严：一天比一天知晓尊敬父母的道理。严，尊敬。

　　③因：凭借。

　　④父子之道，天性也：父母慈爱子女，子女孝顺父母，是人类天生自然的本性。

　　⑤君臣之义也：君王爱护臣下，臣下效忠君王，是人类天生自然的义理。

　　⑥父母生之，续莫大焉：一个人的身体，气的来源是父亲，形的形成是母亲，其体本相连续，从此一气而世世接续，为亲之枝，上以承祖考，下以传子孙，人伦之道，至亲之续，孰大于此。续，指传宗接代。

　　⑦君亲临之，厚莫重焉：父母既为我的亲人，又为我的君主，而临乎其上，则恩义之厚，孰重于此。

【译文】

　　圣人教人以孝，是顺应自然的人性，并不是勉强来的。因为一个人亲爱

父母的心，是在父母膝下玩耍之时就开始有的。父母渐渐地把他养育成人，他便会对父母一日一日地尊敬起来。这就是人生的基本规律，是良知良能的表现。爱敬是自然产生的，圣人不过启发了人的良心，因其人之本性教敬教爱，并不是勉强来的。故圣人之教，不待肃戒而自会成功；圣人之政，不持严厉而自会治理。他所凭借的就是人生固有的本性。天下做父亲的，一定爱他们的儿子；天下做儿子的，一定爱他们的父亲。父子之爱，是天生的，不能勉强的，这个父子之爱的里边还包含着敬意，父如严君，故包藏着君臣之义。父母生下的儿子，上为祖宗流传后代，下生子孙继承宗嗣。家族的绵延，莫大于此。父亲对子，即是严君，又是慈亲，有两重恩爱，所以恩爱之厚，没有比这更重要的。

故不爱其亲而爱他人者，谓之悖德①；不敬其亲而敬他人者，谓之悖礼②。以顺则逆，民无则焉③。不在于善，而皆在于凶德④，虽得之，君子不贵也。

【注释】

①悖德：违背仁义道德。

②悖礼：违背礼节法度。

③以顺则逆，民无则焉：君主推行政教，应当顺从人类的自然本性，敬爱父母，现在却自行违逆，使得人民无从取法。

④不在于善，而皆在于凶德，虽得之，君子不贵也：不由行善，而由凶德所得到的崇高地位，君子并不会重视。善，善行，指爱敬父母。凶德，指不爱敬其亲而爱敬他人之亲。

【译文】

如果有人不爱自己的父母，而去爱别人，那就叫悖德；不敬自己父母而去敬别人，那就叫悖礼。爱亲敬亲，是顺道而行的善行；不爱不敬，就是逆道而行。立教的人，应该以顺德教化，使民知所爱敬，如果倒行逆施，悖德悖礼，百姓将怎样取法呢？今不站在顺的善行上面去作，反而站在恶的凶德方面去行，即使得了一官半职，有道德观念的君子，也绝不会看重那个官职的。

君子则不然，言思可道①，行思可乐②，德义可尊③，作事可法④，容止可观⑤，进退可度⑥，以临⑦其民。是以其民畏而爱之，则而象之⑧。故能成其德教，而行其政令。

【注释】

①言思可道：凡有所言，必想所言皆可受到人民称道。

②行思可乐：凡有所作为，必想所为皆可让人民欢乐。

③德义可尊：立德行义，可使人民尊敬。

④作事可法：所作所为，可使人民效法。

⑤容止可观：容貌仪表，可使人民仰望。

⑥进退可度：一进一退，都可以做人民之榜样。

⑦临：治理的意思。

⑧则而象之：依照，效法，照着样子去做。

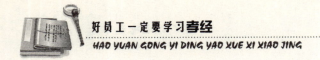

【译文】

有道德的君子，却不是那样的做法，他讲出的话来，必定思量过可以让人称道他才讲；他行出事出来，必定思量可以快慰于人心他才做。他所做的德行和义理，必定为人尊敬他才做；他所作的每一件事，必定可以为别人取法他才做。他的容貌和举止，必定端庄得体，可以使人仰望，一进一退，都是合乎礼仪，都可以做人民的榜样。照这样治理国家、驾驭百姓，那老百姓自然尊敬他，并以他为模范而仿效实行。所以，他能够很顺利地完成他德教，而政令不待严格督促，自然就推行了。

《诗》云："淑人君子，其仪不忒①。"

【注释】

① 淑人君子，其仪不忒：引自《诗经·曹风·鸤鸠》篇，善良的君子，他的仪态端正而没有差错。忒，差错。

【译文】

《诗经·曹风·鸤鸠》章的这两句话说："一个负责管辖百姓的善良君子，他的礼仪态度，一定没有差错，他才能够为人作模范，而被老百姓所取法。"

天地之性，人为贵。人之行，莫大于孝。

【经言札记】

天地之间，人是最为尊贵的。而人最好不过的行为便是孝道。这是把孝提升了高度，作为一个规范世人的准则来讲，虽然有些绝对，但是却一点也没有错。

【故事演绎】

手刃父仇

赵娥，东汉酒泉郡禄福县（即肃州）人，父亲叫赵君安，丈夫叫庞子夏。丈夫去世后，赵娥在禄福县抚养儿子庞清。赵娥的父亲赵君安被禄福县豪强李寿所杀，而赵娥的三个弟弟又相继不幸死于瘟疫。李寿得知后，高兴地对众人说："赵家强壮的人全没了，只剩下一个女人了，我又怎么会怕她来复仇呢？"赵娥听此狂言，激起了她长期以来的报仇之心，她悲愤地发誓道："我一定要亲手杀了李寿！"赵娥经常夜间磨刀，扼腕切齿，悲涕长叹，毫不在意别人轻视她是女流之辈。

李寿整天骑马带刀，防卫很森严，行事飞扬跋扈，众人都躲着他走。终于，有一天早晨，赵娥跟踪李寿到都亭前，跳下驴车，上前抓住李寿的马头，大声叱骂。李寿一惊，企图调转马头逃跑。赵娥挥刀奋力朝李寿砍去，这时马因为受到惊吓，将李寿摔下来倒在路边的泥沟里，赵娥找到李寿，再

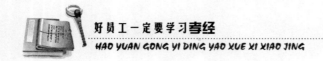

次用力砍去。因用力过猛，刀砍到了树干并将之一分为二，李寿也受了伤。李寿拿着自己的刀大喊大叫，一跃而起。赵娥随即挺身奋起，以左手抵住他的额头，右手卡住他的喉咙，反复周旋，最终李寿气闭，倒在地上。赵娥就拔出李寿的刀，割下李寿的头，到官府自首。

当时的禄福长尹嘉，不忍心给赵娥定罪，就主动辞去了官职，没有受理此案。继续受理此案的官员没有定她的罪，而且想私自放走她。赵娥却视死如归，坚决不做贪生怕死之人，颇有凛然之气。最后，在朝廷大赦时，赵娥名正言顺地回家了。后来，凉州刺史周洪、酒泉太守刘班等人一起禀奏赵娥的烈义行为给朝廷，朝廷为其刻石立碑显其赵家门户。黄门侍郎著书追述赵娥的事迹，为其作传。西晋政治家傅玄为其作《秦女休行》诗，加以赞美。

不顾自己的安危，一心为父报仇，报仇后又主动承担后果，赵娥的确是一位刚烈的女子。孝是不分男女老少的，在某种程度上，女子的意念更是超乎常人想象。虽然赵娥这种过激行为国法不容，却是情有可原，所以受理此案的官员才都不愿意治她的罪。朝廷大赦天下表现的是一种宽容，是为了给犯错的人一次机会，恩威是统治者治理国家的最佳手段。

得母推财

孔礼，三国时涿郡容城人，字德达。当时正值战乱，孔礼和母亲走散了，由于找不到母亲，他心里非常着急。不久，同乡人马台帮助他找到了母亲。孔礼为了表达感激之情，把自己的全部家产都送给了马台。后来马台触犯了刑律，被判处死罪，孔礼利用自己的关系，私自帮助马台逃出了监狱。但是，他们得到消息，知道自己横竖都难免一死，于是索性一起回来自首，并向官府说明原委。当时负责这个案件的官员非常同情他们的遭遇，就向曹操报告了此事。曹操听说后，很宽容地赦免了他们的死罪，进行减刑处理。后来，孔礼的才能又被人发掘并做了官。

孔礼这种包庇和帮助别人越狱的做法，自然没有可取之处。犯了法理应受到惩罚，他的行为自然不会得到当政者的同情。真正感动曹操的是孔礼的那份孝心，他的孝心救了两个人的命，足见孝道的威力之大。

兄弟相代

孙棘，南朝宋武帝大明年间人。当时，朝廷征召壮丁到边疆戍边。孙棘的弟弟孙萨应征去充军，但是没有按期到达。根据当时的军法，他要被判入狱。孙棘的妻子许氏，告诉丈夫说："你为一家之主，怎么能看着自己的亲弟弟受罪呢？姑姑临终时，要你照顾好弟弟。可是现在他还未娶妻成家，却进了监狱。你快想个好办法啊。"

于是，孙棘便来到郡里，表明弟弟犯错，是因为他这个做哥哥的不好，愿意代替孙萨受刑。而孙萨从三岁起就和哥哥相依为命，也深受哥哥照顾，因此，他深怀感恩之心，更不愿意让哥哥为自己受苦，便说是自己犯法，受刑法为合情合理的事。就这样，兄弟俩相持不下。当时的太守张岱，怀疑他们两兄弟不是真心，便将孙棘和孙萨分别安置在不同的地方，分别审讯。结果他们俩的态度还是那么坚决。当审讯哥哥孙棘时，官吏说："已经问好孙萨了，他同意你替他受刑。"孙棘听后，感到很欣慰，甘愿替弟弟受罚。当问到弟弟孙萨时，弟弟甘愿自己受罚，不要连累哥哥。官吏回报说："准许他们请求的时候，他们都是一副同样的表情，他们都心甘情愿为对方受罚！"于是，太守张岱写表章禀告朝廷，皇上下诏说："孙棘和孙萨是普通老百姓，但却有如此高尚的品行，所以应该宽大处理。"最后特别赦免了他们。

不通人情的统治者是冷酷的，如果面对这样的孝悌行为仍然不通人情，自然无法得到百姓的爱戴。一个国家如果没有了温情，自然也就没有了生机，所以明智的统治者都能把握恩威并重的分寸。

故亲生之膝下，以养其父母日严。

【经言札记】

"百善孝为先"是我国古代杰出的思想家、教育家孔子对孝道的肯定，他把孝敬父母放在教学的第一位，强调从根本上、从思想感情上去施行孝道。孟子也曾经说："孝子之至，莫大乎尊亲。"子女承欢膝下时，受父母养育，子女在老年父母生活困难时反哺父母又有何不可？

【故事演绎】

陈毅探母

1962年，陈毅元帅在一次出国访问归来时路过家乡，便抽空去探望身患重病的老母亲。

陈毅的母亲瘫痪在床，大小便基本不能自理。母亲听到陈毅回来了，非常高兴，刚要向儿子打招呼，忽然想起了换下来的尿裤还在床边，就示意她身边的人赶快把它藏到床下。

陈毅见久别的母亲，心里非常激动，来到母亲的床前，上前握住母亲的手，关切地问这问那，和母亲叙起家常来。过了一会儿，他对母亲说："娘，我进来的时候，你们把什么东西藏到床底下了？"母亲看瞒不过去，只好说出了实情。陈毅听了，忙说："娘，您久病在床，我又常年不在您身边伺候，心里很难过，这裤子理应由我这个做儿子的去洗，何必藏起来呢？"母亲听了非常为难，旁边的人赶紧把尿裤拿出来，抢着去洗。陈毅急忙挡住并动情地说："娘，我小时候，您不知为我洗过多少条尿裤，今天我就是洗上10条尿裤，也报答不了您的养育之恩！"说完，陈毅把尿裤和其他

脏衣服都拿去洗得干干净净，母亲欣慰地笑了。

陈毅元帅是个大人物，有繁忙的公务在身，但他不忘家中的老母亲。在百忙中抽空回家探望瘫痪在床的母亲，为母亲洗尿裤，以关切的话语温暖抚慰病中的母亲。虽然陈毅元帅为母亲所做的只是一些平常得不能再平常的小事，但从这些平常的小事，看出了他对母亲浓厚的爱。他不忘母亲曾为自己付出的点点滴滴，理解母亲的艰辛和不易，知道报答母亲的养育之恩。

为人子女，以孝为先

在鄂西南的老山区里，村里有一户姓肖的人家，家中有四口人，男的叫肖山，他的妻子叫腊翠，是一个泼辣的女人。肖山有一位老母亲，双眼失明多年，还有一个9岁的儿子。他们是村里的穷困户。肖山的父亲在一次打柴中，不幸感染了风寒，因为年老体衰，回来后一病不起，没过多久便离开了人世。

肖山夫妻俩在父亲离世后一段时间里还算孝顺，能够对母亲敬孝。可日子一长，矛盾就出来了，婆媳之间的裂痕越来越大，夫妻俩每天起早贪黑，所得收获依然只能艰难地维持着生计。这时腊翠的心里气不打一处来，对婆婆这个拖累更加不满，时不时地说些难听的话。老太太一想，自己一个无用之人，拖累了孩子，儿媳说说气话也就忍了。可这腊翠的火气一天天大了起来，说话也更加狠毒，稍有不满就不给老太太饭吃。连9岁的小孙子都不时地捉弄老太太，甚至还跟着儿媳骂老太太。老太太这心里觉得实在是委屈啊。

一天，吃饭的时候，儿媳又开始骂了："老不死的，没用的东西，白白糟蹋粮食，怎么不去死了！"说着盛了一点饭往老太太面前一搡："吃！"这怎么能叫人吃得下啊！老太太对旁边的儿子说："老娘好不容易将你拉扯大了，现在看着我受气，你吱都不吱一声。你是人呐！"肖山是个"妻管严"，平日虽然没有说老母亲什么，可心里对生活的艰苦也是有怨言的，甚至默许了妻子的行为。老太太继续伤心地喊道："你们既然觉得我连累了你

们，还不如把我扔山上去喂狼好了，免得让你们看到了碍眼。"一句话好像提醒了梦中人。

到了晚上，肖山躺在床上，妻子腊翠背对着他坐在一边，不给他好脸色。突然，腊翠转过身来对肖山说："老不死的今天还真是提醒了我，依我看哪，把她背到后山崖甩下去。"肖山惊得坐了起来："这种事咱能做吗？要遭雷劈的，那可是我亲娘啊！"腊翠看他一副熊样儿，冷嘲热讽式地说道："我怎会嫁给你这个窝囊废，跟着你受穷受苦，还受气，你要不听我的，我打明儿也不干活了，让你们吃去。你看看，我们儿子都瘦成啥样儿了。"一提到儿子，肖山就心疼，由于没有营养，瘦得只剩一把骨头了。为了儿子，他豁出去了。

作出这个决定后，夫妻俩反而对老太太好了几天，在一个夜晚，肖山用一个背柴用的架子，上面搁了一块木板，把娘往上一放，叫儿子做伴，就背着往后山崖走去。老太太心里清楚儿子要起歹心，早气得说不出话来，心想死了也好，免得活受罪。他们母子俩好半天才爬到崖边，肖山把老太太放下后，坐在地上猛抽了一阵旱烟后对老太太说："娘，别怪儿子太心狠，只怪这日子太难过了。"说完就把那背亲娘用的架子甩下崖去，看着老母亲发抖的手，想到家里的妻子，肖山一时愣在了原地。此时，肖山的小儿子突然说话了："爹，你怎么把背架子给甩了，留着以后我好背你啊！"一句话说得他心里直冒冷气，狠狠地用力地打了自己一个嘴巴，背上老母亲就往回走。

从此以后，儿媳腊翠再也没有骂过人了，每天把饭端到床前，递到婆婆手里，孙子再也没有捉弄过奶奶。

这是一个现代寓言故事，以震聋发聩的声音，给不孝子女敲响了警钟，那便是你怎么对待父母，子女怎么对待你的道理。这看似简单的道理，却万世而不可覆灭。

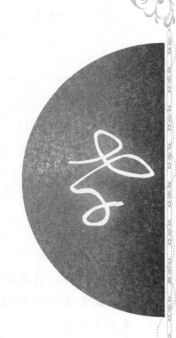

标榜孝行

——纪孝行章第十

本章题解

纪孝行：记录孝子事亲的行为。

本章是讲把平日的孝行，分别记出。有五项当行的，有三项不当行的，以勉学者。本章是对具体的孝的行为作出诉述，告诉人们应该怎么做才是正确的孝行。

经文释译

子曰："孝子之事亲也，居则致其敬①，养则致其乐②，病则致其忧③，丧则致其哀④，祭则致其严⑤，五者备矣，然后能事亲。"

【注释】

①居则致其敬：平居之时对人应该持之以恭敬的态度。居，日常家居。致，竭尽。

②养则致其乐：奉养之时应当以欢乐的心情，承颜顺志，无所拂逆。

③病则致其忧：父母如果有病，则应当尽其忧虑之心。

④丧则致其哀：若亲若丧亡，则尽诚尽礼，擗踊哭泣，终其哀情。

⑤严：端庄严肃。

【译文】

孔子说："凡是有孝心的儿女们，要孝敬他的父母。第一，在平常生活中无事的时候，应当尽心敬谨，冬温夏清，昏定晨省，食衣起居，多方面注意；第二，在奉养父母的时候，当尽其和乐之心，在父母面前，一定要表现出和悦的颜色，笑容承欢，而不敢表现使父母感到丝毫不安的样子；第三，在父母有病时，尽其忧虑之情，急聘请名医诊治，亲奉汤药，早晚服侍，父母的疾病如果一日不愈，便一日不能安心；第四，万一父母不幸病故，就要在临终一刹那，谨慎小心，为准备父母身上所需要的一切，不但要有穿的、

盖的，还要有棺材等物，需尽力配备，还要表现出悲痛之情，号啕哭泣，以表哀戚；第五，父母去世以后要向着祭祀的方向，尽其思慕之心，祭奠的时候要庄严肃静，就像父母还在身边时一样的恭敬。以上五项孝道，行的时候，必定出于至诚。不然，徒具形式，就失去孝道的意义了。"

事亲者，居上不骄，为下不乱，在丑不争①。居上而骄则亡，为下而乱则刑②，在丑而争则兵③。三者不除，虽日用三牲之养④，犹为不孝也。

【注释】

①在丑不争：和同事相处，应当和顺，而不可与人争忿。丑，同类。此指同列、同官。

②为下而乱则刑：身处下位而恃乱不驯，则刑辟之罪及之。

③在丑而争则兵：和同事相处，如果有分歧争持不下，便有可能兵刃相见。

④日用三牲之养：每天以三牲奉养父母。三牲，指牛羊豕。

【译文】

为人子女的要孝敬父母，不但要做到以上五项，还要禁忌以下三项。第一，官位较高的人，就应当以庄敬的态度对待其部属，而不敢有一点骄傲自大之气；第二，为人部属的小职员，也应当恭敬以事其长官，而不敢有一点悖乱不法的行为；第三，在鄙俗的群众当中，应当和平地相处，不要和他们争斗。假若为长官的人骄傲自大，则必会招来危亡之祸。位居部属的人，悖乱不法，则必会招来刑罚的处分。在鄙俗的群众中与人斗争，难免受到凶险的祸害。以上三项逆理行为，每一项都有危身取祸、殃及父母的可能。父母常以儿女的危身取祸为忧，为儿女的，若不戒除以上三项逆行，就是每天用牛、羊、猪三牲的肉来养活自己的父母，也不能得到父母的欢心，这个人也不能称为孝子。可见孝养父母，不在口腹之养，而贵在于保重自己的身体，方得为孝。

解读运用

孝子之事亲也，居则致其敬，养则致其乐，病则致其忧，丧则致其哀，祭则致其严，五者备矣，然后能事亲。

【经言札论】

平常在家的时候要尊敬父母，赡养父母时要笑容承欢，父母生病时要担心其病情，父母亲人去世时要致哀，父母去世以后的祭奠要恭敬严谨。这也就是孝的五个构成方面。但是无论怎么说，孝心必须是诚心诚意的，当然形式的作用也不可小觑。这道理就如同"没有规矩，不成方圆"一样地明了。

【故事演绎】

戏彩娱亲

传说老莱子是春秋时期的一位隐士，曾婉言谢绝了楚王的聘请。为躲避世乱，自耕于蒙山（在今山东）。

老莱子是一个非常孝顺的人，他把最可口的食物和最好的衣物、用品，

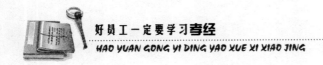
都用来供养双亲。他对父母体贴入微，把年老的父母关怀照顾得无微不至。父母在他的照料下，过着幸福安康的生活，家里一片祥和景象。

人如果能在晚年安享天伦之乐，这样的人生是多么的有价值、有意义，多么地令人欣慰啊！

老莱子70多岁了，但是他在父母面前，从来都不提"老"字。因为上有二老，双亲比自己的岁数都要大得多。而为人子女的人，如果开口说老，闭口言老，那父母不就更觉得自己已经风烛残年、垂垂老矣了吗？更何况，老人不管儿女多大了，也总是把儿女当成小孩一样来看待。

老莱子70多岁，他的父母也有九十多岁了。对于大多数年近百龄的人来说，身体都会比较虚弱，机能退化，行动不便，耳昏眼花等，生活也会比较孤寂、单调。善解亲意的老莱子很能体恤父母亲的心情，为了让父母能够快乐起来，他装出许多活泼可爱的样子，来逗双亲高兴，真是用心良苦。

有一次，老莱子特别挑了一件鲜艳明亮、染了花纹的衣服。在父亲过生日那天，他穿上这件衣服，装成婴儿的样子，手持拨浪鼓，在父母面前又蹦又跳，一边嬉戏玩耍，一边迈动轻快诙谐的舞步，逗父母开心。

还有一天，厅堂旁边刚好有一群小鸡，老莱子一时兴起，就学老鹰抓小鸡的动作，来逗双亲高兴。一时就会鸡飞狗跳，热闹不已。小鸡一颠一颠地到处跑，特别可爱。而老莱子故意装成非常笨拙的样子，煞费苦心，而又无可奈何。看到这番情景，双亲就会笑得合不拢嘴，可以说这是一种非常智慧的孝顺行为。

还有一次，他挑着一担水，一步一晃地经过了厅堂的前面。突然扑通一声，做一个滑稽的跌倒动作。父亲哈哈大笑，母亲则在一旁说着："这个孩子真是养不大，拿他一点办法都没有。"

有关老莱子的生平众说纷纭，历史说有很多说法。《史记》中怀疑老莱子就是老子。

有人可能会认为，老莱子为取悦父母有过分做作之嫌，因此颇不以为然，但实在因为他一片至纯孝心使然。俗语说："笑一笑，十年少；恼一恼，老一老。"父母年纪大了，怎么承受得起忧愁和烦恼？老莱子正是深谙了这点，才做出了一些看似"做作"的举动。

为人子女者永远不要在父母面前声称自己已经老了。一个孝顺的孩子，总是会想方设法地让父母觉察不到岁月的流逝、年纪的增长。为什么呢？因为如果连孩子都老了，那父母不就更为年迈了吗？他们听了之后，该多么伤心啊！所以，在父母的面前，子女不应当提到"老"这个字。

贬恐惊亲

唐朝有一位衡州刺史，叫曹王皋，他政绩突出，深受百姓爱戴。由于被朝中另一位官员嫉妒，于是被诬陷，贬到潮州。另外有一位叫杨言的官员知道了曹王皋为人耿直，是一位治国人才，做了宰相之后就又提拔他做了衡州刺史。曹王皋在被贬官之时，因担心母亲年纪大，经受不起打击，就对母亲隐瞒了实情。白天在外面穿着囚服，回家后他马上就换上官服。把被贬官说成是被提升，每天都假装高兴地向母亲辞别。这次官复原职，他还没来得及告知家人，消息就已经传到了母亲那里。母亲祝贺他时，他跪在地上，才对母亲说出了真相。

儿女永远都是父母在这个世界上最为关心的人，父母的喜怒哀乐大半与儿女有关。因此，为人子女者应当懂得如何才能让父母安心。而不让父母为自己担心，就要正直地做人，少犯错误。没有哪一位父母不希望自己的孩子出人头地，但前提是他们能够平安、快乐。照顾好自己，让父母少操心就是给父母最好的礼物。

追贼救母

鲍出，字文才，三国时京兆新丰人，天生魁伟，生性至孝。他和母亲以及四个兄弟一起居住。鲍出为人豪放，对母亲却照顾得无微不至，兄弟之间也是兄友弟恭，一家人的日子过得和乐美满、其乐融融。

有一天，兄弟五个人都外出，只有母亲一人在家里。两个哥哥和弟弟先回到家，发现一伙强盗把他母亲用绳子绑住手，劫走了。他们很是惊慌，但又不敢去追。等到鲍出回来后，听说此事，怒发冲冠，抄起一把刀就不顾一切地追了出去，沿途杀了十多个贼人。最后，终于追上了劫掠他母亲的强盗，同时他还发现邻居家的妇人也被一道劫来了。众贼见这人来势凶猛，锐不可当，他们的同伙也已经有好几个死在了他手里，都不敢和他正面交锋，无奈之下就放了他母亲。鲍出指着邻居家的妇人说："这是我嫂子，快放人！"贼人不敢造次，乖乖地把人放了。就这样，母亲和邻家妇人都得救了，鲍出也因此名声大振。

后来战乱纷起，他就陪同母亲到南阳避难。天下太平后，他们回到家乡。一路跋山涉水，母亲行走不便，鲍出就亲手编了一个竹笼，请母亲坐在笼中，把母亲背回到了家乡。鲍出对母亲的照料可谓无微不至，天冷加衣，天热扇席，母亲生病便寸步不离、衣不解带；母亲心情不好，就想方设法逗母亲开心，总之事事按照母亲的意愿行事，从来不敢怠慢。在他的悉心照料下，母亲活到了一百多岁才逝世，那时他也已经七十多岁了，但依然为母亲守丧礼，无所不备。

鲍出的孝行真正做到了孔子所说的"孝子之事亲也，居则致其敬，养则致其乐，病则致其忧，丧则致其哀，祭则致其严"，为后世做出了榜样，他的后代继承了祖先的遗风，成为孝悌治家的楷模。

示范孝敬母亲

历史上，在地方官中，教导人们遵从孝行的人，当数北魏时的房景伯。

房景伯（478～527），性情淳厚，弟弟们尊敬他如同严父。房景伯有个族叔做过官，他的族叔房法寿原来本来是个无赖，但是却比较孝顺。房景伯的家境比较贫寒，早年靠为人抄书供养母亲，后来他做了清河太守。

当时，清河盗贼作乱。郡民刘简虎曾无礼触犯房景伯，后投奔山贼。房景伯提拔刘简虎的儿子为佐治官吏，让他告谕山贼既往不咎。山贼们见房景伯不记旧仇，于是相率投降。

房景伯最为被后人称道的是，他向管辖的郡内一个不孝的年轻人示范孝敬母亲的故事。

当时清河郡下面有个安邱县，在今山东境内。安邱有一位妇人控告儿子不孝，叫房景伯来管管、惩治一下。房景伯本来想叫来大堂训斥一番，但他没有这样做，而是先告诉了自己的母亲。他的母亲说："这些小民未曾受学，不知礼教，应以德化引导，让他们知耻向善。"于是，房景伯召见妇人，每日同到厅堂，与她相对饮食。房景伯还叫来她的儿子，命其子侍立堂下，观看房景伯侍奉母亲饮食。不到十日，这位不孝的儿子就感到非常内疚，请求回去。崔氏说："此子虽然表面羞愧，不知内心是否真正悔过，暂留几日。"于是房景伯又把这对母子留了二十天。后来其子深受感化，叩头流血，真心悔悟，他的母亲也流下眼泪，乞求回去。回去后，这位不孝的儿子果然洗心革面，对自己的母亲很孝顺，成为了当时一个著名的孝子。宋朝有人写诗说："亲见房太守，殷勤奉旨甘。哪能不心愧，岂止是颜惭。"

事亲者，居上不骄，为下不乱，在丑不争。

【经言札记】

居致敬、养致乐、病致忧、丧致哀、祭致严五项，这是孔子指出顺的道理；居上骄、为下乱、在丑争三项，这是孔子指出逆的道理。由顺德上边去做，就是最完全的孝子；由逆道上行，自然会受到社会法律的制裁和得到不幸的结果。这个道理，很显然地分出两个途径，就是说：前一个途径，是

正大光明的道路，可以行得通而畅达无阻；后一个途径，是崎岖险境，绝崖穷途，万万走不得。圣人教人力行孝道，免除刑罚，其用心之苦，至为深切了。

【故事演绎】

孙思邈为亲治病

著名医药学家孙思邈是唐朝京兆华原（现陕西耀县）人，著名的医师与道士。他用毕生精力研究医药学，所著的《千金方》记载了八百多种药物和三千余个药方，被称为"药王"。许多人奉他为医神。

这位药王学医的最初动机是为了给他的父母治病。

孙思邈的父亲是一名木匠。在他7岁时，父亲得了雀目病（即夜盲症），母亲患了粗脖子病。有一天，父亲在锯木时，看到孙思邈在一边发呆，便问他："孩子，你长大了也要做木匠？"孙思邈回答说："不，我要当一名医生，要给父母亲治病。"父亲见他孝心一片，十分感动，第二天就带着孙思邈去城外一座大窑里上私塾。到了孙思邈12岁时，父亲就送他到附近的民间医生张七伯家去当学徒。孙思邈走进张七伯家，看到院落里外堆满了药草，十分高兴，心想：我要是能在这些草药里找到治父母亲病的药，那就太好了！在张七伯家当学徒的3年里，他常常向师父问这问那，使师父十分为难。后来，他才渐渐明白师父只会用一些土方治病，也不是很懂药理。师父也懂得徒弟的心思，就对他说："你聪明好学，我不能耽误你的前程，从这里往北去四十里的铜官县有位名医，是我的舅舅，你去他那里学医吧！"说完，还送了他一本《黄帝内经》。

孙思邈到了铜官县，找到了这位名医。他在那里学了1年，同时还研究《黄帝内经》，医学知识长进不少。但这位名医也不能清楚知道如何治雀目病和粗脖子病，这让他十分失望。

第二年，孙思邈回到家乡开始给乡亲们治病行医。他从不贪财物，对病人同情爱护，在他的家乡渐渐地有了点名声。有一次，他治好了一位病人的瘤疾，那个病人到他家来答谢，得知孙思邈父母也身患瘤疾，就对孙思邈说："我听说太白山麓有一位名叫陈元的老医生能治好你母亲的病。"孙思邈听了非常高兴，第二天就往太白山去了。从家乡到秦岭太白山有四百里路程，孙思邈走了半个月才打听到陈元医生。孙思邈一见到陈元就拜他为师，陈元见他一番孝诚之心就收他为徒。在那里，孙思邈终于学到了治粗脖子病的祖传秘方，可是如何治雀目病却仍然毫无头绪。

一天，孙思邈问师父："为什么患雀目病的大多是贫苦人家，而有钱人家却很少见这种病？"

陈元听后说："你的话很有道理，那就给病人多吃点肉食试试。"

孙思邈按照师父的话，让一位病人每天吃几两肉，但病人尝试了一个月仍毫不见效。于是他再翻遍大量医书，终于找到"肝开窍于目"的解释，他就给那位病人改吃猪、牛、羊肝，不到半个月果然很见效。孙思邈回到家立即用在太白山学到的方法给父母亲治病。不久，他父母亲的雀目病和粗脖子病都痊愈了。

孙思邈最初的志向不是作神医而是为父母治病，正是因为这样的心态，才使得他的医术不断地精进，最后不但达成了愿望，还成为了千古留名的药王。

包拯辞官事父母

历史上有名的包公，即包拯（999～1062），字希仁，庐州合肥（今安徽合肥市）人，父亲包仪，曾任朝散大夫，死后追赠刑部侍郎。包公年少时以孝而闻名，性直敦厚。在宋仁宗天圣五年，即公元1027年中了进士，当时28岁。先任大理寺评事，后来出任建昌（今江西永修）知县，因为父母年老不愿随他到他乡去，包公便辞去了官职，回家照顾父母。他的孝心被官吏们交口称颂。父母在几年后相继辞世，包公这才重新开始自己的仕途。

在封建社会，假如父母只有一个儿子，那么这个儿子是不能扔下父母不管，只顾自己去外地做官的。这是违背封建纲常的，当时还有法律对违反这样规定的人给予处罚的条例。一般情况下，父母们为了儿子的前程，都会跟随去的，或者儿子和本家族的其他人规劝父母跟随而去。父母不愿意随儿子去做官的地方养老，这在封建时代是很少见的，因为这意味着儿子要遵守封建礼教的约束——辞去官职留下来照料父母。

包公主动地辞去官职，不迷恋官场，说明在他的心中，敬孝比为官分量更加重。和一些为了前程弃父母、抛妻儿的人相比，包拯堪为楷模。

鲁迅一生孝顺母亲

鲁迅（1881～1936），原名周树人。鲁迅用这个笔名，一个重要的原因就是他的母亲姓鲁。鲁迅去南京求学时，家里给他定了亲。女方叫朱安，是个没有文化的缠足姑娘。鲁迅请求母亲退聘，但母亲坚决不同意，说退聘有损两家名声，会让女方饱受嫁不出去的痛苦。鲁迅要求朱安放足、读书，但朱安都没有做到。

1906年鲁迅还在日本留学，他接到家信，要他回绍兴探亲，说母亲患病。其实母亲没有患病，只是家中听到谣言，说鲁迅在日本有了妻子，所以赶忙让他回家聚亲。7月初，当鲁迅赶回家中时，只见客厅张灯结彩，中间贴了张大红纸喜字，他一切都明白了，为了不使母亲伤心，鲁迅默默接受了母亲的安排，奉命完婚，行礼如仪。入洞房那天晚上，鲁迅面对着新娘一言不语。第二天清早，他便独自搬进自己的书房，三天后，他离家回日本了。

青春时期的鲁迅就被"母命难违"的封建礼教剥夺了男女情爱的权利。他曾对许寿裳说，朱安"是母亲给我的一件礼物，我要好好的供养她，爱情是我所不知道的"。其实，鲁迅何尝不知道爱情，但是他不愿让母亲为难，他那尚未萌芽的爱情种子就被礼教的"恶魔"吞噬了整整二十年，直到后来他与许广平结识。

鲁迅出于对母亲的爱，吞下了"无爱结婚"的苦果，牺牲了自己。但他毫无怨言，一如既往地孝敬着母亲。

1919年，鲁迅在北京教育部任职，他买下了八道弯的房子。先同弟弟周作人夫妇迁入，然后回绍兴接母亲和朱安来京安居。三年后，鲁迅因遭到周作人夫妇的侮辱、攻击，不得不离开母亲，带着朱安另住砖塔胡同小屋。

不久，鲁迅看到65岁的老母亲在周作人家得不到一丝温暖和照顾，时常受到二儿媳妇的闲气。他便再向各方借贷，买下了阜成门内西三胡同一座四合院，将母亲接了过去，让老人得以安度晚年，直到85岁寿寝。

在鲁迅接母亲到阜成门家中后，他曲尽孝道，把最好的大房子让母亲住，自己则独居屋后一间简陋的小房用作书房兼卧室。他那时已经四十多岁，但还是像小时候一样，外出上班，必先去母亲处说声："阿娘，我出去哉！"回家时必对母亲说声："阿娘，我回来哉！"每当晚餐以后，他总伴着母亲聊一会天，然后才回到书房工作。他每日领到薪水，照例要给母亲买她爱吃的糕点，让老母挑选后，才将剩下的一小部分留下自用。除了交出一个月的家用，还给母亲一月26元零花钱。此类事情不胜枚举，在鲁迅生活中已成为一种做儿子的规矩。

鲁迅的母亲有一个爱好，就是非常热衷于看旧小说，她不时要鲁迅提供。鲁迅或自购或托人代买，将一本本小说如鸳鸯蝴蝶派作品，张恨水的章回小说，源源不断地送给母亲，即使他后来去了上海，仍不断地给母亲寄书。除了书籍，还寄羊皮袍料、金华火腿等衣物食品，每月的家书也从未间断。

有一次，他母亲为修绍兴祖坟之事写信给鲁迅，信中说这笔钱应该由三个兄弟共同承担。鲁迅立即回信给母亲说，这笔费用他早已汇到了绍兴，要母亲不必再向二弟周作人提起，"免得因为一点小事，或至于淘气也"。鲁迅情愿自己节省，也不愿母亲兰气。他母亲看到此信后，十分感动，对人说："他处处想得周到，处处体谅我这老人。"

在鲁迅很小的时候，他父亲就病故了，家道中衰，几十年来他把供养母亲和整个家庭生活的重担压在自己肩上。他常常对人说："我娘受过苦，

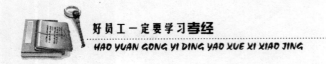
自己应当担负起做儿子的责任。"另一方面，他母亲也对人说鲁迅很孝顺："他最能体谅我的难处，特别是进当铺典当东西，要遭到多少势利人的白眼，甚至奚落。可他为了减少我的忧愁和痛苦，从来不在我面前吐露他难堪的遭遇，从来不道半句怨言。"

伟大的文化战士鲁迅，他一生对母亲孝敬有加，体现了他伟大的人格和崇高的品德，为后世的人们尊敬孝顺父母竖起了一个榜样。

违孝道会受罚

——五刑章第十一

本章题解

　　五刑，古代以墨、劓、剕、宫、大辟为五刑。

　　本章是因前章所讲的纪孝行，须走敬、乐、忧、哀、严的道路，就是正道而行的孝行。若走到骄、乱、争的道路，就是背道而驰的逆行。所以，孔子就源上章的道理而告诉曾子，说明违反孝行，应当受法律制裁，使人知所警惕，不敢犯法。这里所讲的五刑之罪，莫大于不孝，就是讲明刑罚的森严可怕，以此来辅导规劝世人去走孝道的正途。

<h1>经文释译</h1>

> 子曰："五刑之属三千，而罪莫大于不孝。要君者无上^①，非圣人者无法^②，非孝者无亲^③。此大乱之道^④也。"

【注释】

①要君者无上：君主是臣下所禀命而恭敬以从之者也。如若敢要挟之，是无上也。

②非圣人者无法：圣人制作礼乐，传之万世而大家共同遵守，如若敢毁之，是无法也。非，非议、诽谤。

③非孝者无亲：为人子者，当行孝道以事二亲，天理人伦之极则也，如若敢不这样做，是没有亲人的。

④道：根源。

【译文】

孔子说："国家用制定的法规刑条来制裁人类的罪行，使人向善去恶。五刑的条文，大概有三千条之多，如若详细研究，罪之大者，没有大过不孝的。用刑罚纠正不孝的人，自然民皆畏威，走上孝行的正道。如果一个部下，找到长官的弱点，威胁逼迫，达到他所希望的目的，那便是目中无长官；如果对于立法垂世的圣人，讥笑鄙视，那便是无法无天；如果对于立身行道的孝行，讥笑鄙视，那就是无父无母。像这样要挟长官，无法无天、无父无母的行为，不就是和禽兽一样。以禽兽之行，横行于天下，天下还能不

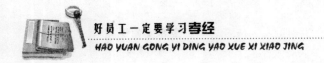
大乱吗？所以，这便是造成大乱的道了。"

五刑之属三千，而罪莫大于不孝。

【经言札记】

为人子女的，都应该向良知良能、敬爱父母的孝行方面努力，切忌不知悔改，走到最荆棘丛生的歧途中去。圣人爱人之深，而警告之切，由此可见。

【故事演绎】

孙元觉和他的父亲及祖父

春秋时有个叫孙元觉的人，他是陈留（今河南开封东南）人，从小就很懂得孝道，他在15岁的时候做了一件事情，赢得了当地人的称赞，当地人都夸他又孝顺又聪明。

元觉的父亲很不孝顺，元觉的祖父年纪大了，常常生病，身体又瘦又弱。他的父亲渐生嫌恶之心，想要把祖父装在盛土的筐子里，用车子载着丢弃到深山里去，让他自生自灭。

元觉流着眼泪苦苦劝阻父亲不能这样做。

父亲说："你爷爷虽然看上去和一般人无异，但是已经年老昏乱，心智糊涂了。老而不死，会化成狐狸精的。"

父亲终究不听儿子的劝告，有一天，把祖父背着到深山里去了。元觉哭哭啼啼，跟着祖父到了深山，又一次苦苦哀求父亲，但父亲却不肯听他的。元觉于是仰天大哭，哭了一会儿，带着载过祖父的筐子回家了。父亲看见筐子，变了脸色，对他说："这是凶物，你带回来干什么？"

元觉说："这是现成做好了的东西，扔掉了多可惜。以后如果我要用它把您送到深山去，省得费心再去做。"

父亲听了这话，惊骇失色，颤声道："你是我的儿子，怎么能丢弃我呢？"

元觉说："父亲教化儿子，就像水往下流一样。既然父亲常有教化儿子，又有示范在先，做儿子的岂敢违背呢？"

父亲听了儿子的话，一下子醒悟过来。于是赶紧跑到深山里去把祖父接回来，全心全意地侍奉赡养他，祖父最后得以安享天年。

上行下效，在家中也一样。人常说家庭教育对孩子的影响最大，不难看出，一个不孝顺父母的家长是无法获得子女的孝顺的。

丁兰和他的木母

丁兰，河内（今湖北南漳县九集镇丁集）人，他很早就失去了双亲。为了寄托内心的思念，丁兰用木头刻成了母亲的形状，勤恳地供养着它，对待木母的拳拳之心还甚于生母。他的妻子满腹意见，对他说："木母会有知觉吗？这样辛辛苦苦日夜侍奉它，不过是白费力气罢了。"

丁兰不听，继续供养木母。这更加引起妻子的不满，于是妻子趁丁兰外出，用火烧木母，以解心头的怨气。

这天晚上，丁兰做梦梦见死去的母亲对他说："你媳妇烧我，我脸上被烧痛得厉害。"

丁兰惊醒过来后，不等天亮就急急忙忙地往家赶。回到家，看见木母倒在地上，脸上有被火烧过的焦痕，和梦中所见一模一样。

丁兰对着木母放声大哭，发誓要追查到底。他把妻子抓来拷问，但妻子

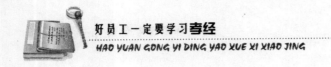
死也不肯承认。

当时妻子脸上长了个疮，看上去就像被火烧过一样，并且非常痛。妻子知道是因为自己做错了事才落得这个下场，跪在木母面前哀求了很长时间，疮才慢慢地好了。丁兰知道了真相，便决定休了妻子。

这个民间故事是二十四孝故事中的一个，它反映的道理就是教人要孝顺母亲。

董黯孝养老母

董黯，字孝理，会稽越州勾章人。他的父亲去世得早，他就独自奉养老母。董黯对待母亲非常恭敬、孝顺。有了新鲜的水果、味美的食物，他都会毫无保留地送给母亲吃。有这样孝顺的儿子，母亲当然很高兴，像吃了蜜一样常常合不拢嘴。

邻居中有个叫王寄的，家里很富裕。王寄非常不孝顺自己的母亲，并且还常常在外面做坏事，害得母亲天天为他提心吊胆，人也一天天地瘦下去。

王寄的母亲对董黯的母亲说："夫人家里那么贫穷，却那么长寿，平时都吃些什么呀？夫人看起来也总是高高兴兴的，夫人为什么而高兴呢？"

董黯的母亲回答道："我儿子对我非常孝顺，所以我心情愉悦，也就因为这个我才能活到这么大年纪。"

过了一段时间，两位老人又聚在一起，董黯的母亲问王寄的母亲："夫人家里那么富有，饭菜味美而丰富，夫人怎么那么瘦弱呢？"

王寄的母亲说："这也是儿子的缘故啊。"

王寄听说了两位母亲之间评判儿子的事，便杀死了三牲，放在母亲面前，拔出刀威胁母亲吃下去。又专等着董黯外出的机会，直闯入董家，把他的母亲从床上拖下来，狠狠地羞辱了一顿。

没过多长时间，董黯知道了这件事，当时他就想报仇，但又怕母亲担惊受怕，只能含恨在心。

等到母亲寿终，董黯葬送完毕后，他立刻赶到王寄家，割下王寄的头作为祭品供奉在他母亲的坟前。做完了这一切后，他就去官府自首。当时正好碰上天下大赦，他也得以赦免。

如果以人善天不欺这种说法来看，孝为百善之首，行孝道的人当然也会受到上天的庇护。虽然这个说法在现代看来没有科学依据，但是孝亲作为道德的衡量标准对于法制社会来说也是适用的。虽然说人情不能大于法，但是人情可以适用于法理，符合人情的基本上都能够被人们接受、认可。

忏悔难灭不孝罪

从前，有一位叫张义的60多岁的老翁。从表面上看来，他这个人还算忠厚老实，平时务农，克勤克俭，并没有做什么缺德的事。但是每个人都不是圣贤，谁能没有一点点过错呢？即使一般人认为并不太坏的人，在一生之中，也难免有或多或少的过错，张义也不例外。

好人与坏人最大的不同点，就是好人有了过错，会知道反省，自己认错；坏人做了恶事，不反省，而且也不知认错。张义是个有良心的好人，他反省自己的生平，深深地感觉过错很多，因此他常在菩萨面前痛切忏悔，诚心改过。他年老多病，气息衰弱，有一年生病中，他被两个冥使带到冥府去，冥王拿出黑簿给他看，在那本黑簿上，把他生平的罪业记载得巨细无遗、历历如画，像残杀生禽啦，虐待动物啦，欠缴官税啦，调戏妇女啦，借钱不还啦，恶口骂人啦，挑拨是非啦，妒忌贤能啦，诽谤好人啦……都记得非常清楚。

可是由于张义晚年痛切忏悔，诚心改过，以上种种罪过，簿上都已一笔勾销。他看了那本黑簿，一则惊，一则喜，惊的是冥间对于人们的罪恶，竟记载得如此详细，喜的是幸而晚年诚心忏悔，勾销了他许多的罪恶。可是当他再仔细看下去时，不由得吓得冷汗直出，原来黑簿上还记有一件恶事，独独地没有勾销。为什么其他许多的罪恶都已勾销，独有一件恶事不能勾销呢？那件恶事是什么呢？原来，他曾对父亲忤逆不孝。

说起张义的忤逆不孝，便要追溯到他的少年时代了。在大约50年前，张义17岁，那时他是个血气方刚的少年。他的家庭世代为农，父亲是位耕作十余亩田地的佃户，那时科学不发达，在农业收获的季节，从割稻以至打谷等过程中，一切都靠人力，没有现代化的机械农具。所以，旧时代的农夫，胼手胝足，是非常辛苦的。有一年秋收季节，农夫们都忙着在田中割稻，秋天的气候，通常来说，是凉爽的，可是有时依然炎热，有些天甚至会胜过夏天，俗语称之为"秋老虎"。那一年的秋天，气候就特别炎热，偏偏又没有什么风，人们坐在家中，尚且汗流浃背，何况要在烈日下的田中割稻呢？可是成熟的稻要是不收割的话，会被鸟类啄食得厉害，时间一长会掉落在地下，再也无法完整地收回家中。所以，不论天气如何炎热，农夫们都要会尽快地去收割。

在那农忙的季节，张义的父亲十分紧张、忙碌，当时张义已是17岁的大孩子，农忙中尽力帮助父亲，本是理所当然。岂知当他父亲命他帮助割稻时，他非但没有接受父亲的要求，反觉得父亲不该在炎热的气候中让他做事，竟对父亲怒目而向，好像要打骂父亲的样子。这使父亲受了很大的气，胃痛发作，饭也吃不下。就是为了这件事，在张义本人的冥册账簿上，记下了一笔黑账。

张义看到黑簿上记下的黑账尚未被勾销，正在茫然不知所措的时候，冥王对他解释说："罪恶好像衣服上被染了污色，忏悔好比用肥皂洗涤。浅的污色可用肥皂洗涤得掉，深的污色是无法洗除的。你生平所犯的其他罪恶，都是算不上深的污色，所以可借痛切忏悔而洗除。但忤逆不孝，为最重的罪，是极深的污色，虽经忏悔，亦不易洗除。这是你的黑簿上其他罪恶都已勾销，独有不孝罪业尚未被勾销的原因。好在你晚年诚心改过，所作功德很多，虽未能勾销不孝恶业，尚能延寿，你回阳去吧！"说罢，冥差接着把张义的肩膀一拍，张义就苏醒回阳来了。

从此以后，张义把冥间所见所闻的经过，逢人讲说，告诫人们要尽心尽

力地孝顺父母，千万别犯忤逆不孝的恶业。

这个故事中所讲的张义拒绝帮助父亲的事情，在今天也时有发生。现在独生子女多，很多孩子从小娇生惯养，不知道帮父母亲干活，有的孩子甚至经常和父母亲对着干，让父母亲着急生气，影响父母的工作。孝存在于生活中的点点滴滴。现在的孩子大部分时间用来上学了，父母其实也不会要求他们做这做那。但是万一父母亲忙需要帮忙，或者父母亲有困难的话，孩子们要尽量为父母排忧解难，尽心尽力做好儿女该做的事情。

要君者无上，非圣人者无法，非孝者无亲。此大乱之道也。

【经言札记】

要挟长官，是目无上司；对圣人的无视，就是无法无天；对于立身行道的孝的行为的讥笑鄙视，则是无父无母的表现。这里所说的其实都是一个不孝之人的外在表现。

【故事演绎】

出妻合爨

刘君良是唐朝瀛洲饶阳（今河北省）人。他们家是一个大家庭，好几代都在一个大家庭居住，和和美美，从来没有闹过矛盾。一尺布、一斗米，都不私存。

隋朝末年，发生大饥荒，强盗贼寇特别多，战乱纷起。刘君良的妻子想要分家住，可又怕丈夫不同意了，于是就想了一个办法。她把院子里的两只小鸟换了鸟巢，这样两个鸟巢内部的小鸟就分别打起架来。家人都觉得很奇怪，于是她趁机对丈夫说："现在天下大乱，就连鸟儿都互相争斗，更何况人呢？所以，还是不要住一块了，自己过自己的小日子，免得起争端。"刘君良不明实情，就听信了妻子的话，与兄弟们分了家。一个月后，刘君良忽然醒悟过来，知道中了妻子的计，便在当天晚上大骂妻子破坏了家庭和睦，是真正的家贼，第二天就把妻子给休了。

于是，兄弟们又像以前那样一起生活。当时，盗贼经常在他们乡里出没，他们家在乡里很有威信，乡亲们都主动投奔他们，寻求保护，并把他们家叫做"义成堡"。刘君良的大家庭，不论男女老少，都以礼相待，和睦相处。武德（唐高祖纪年号）七年，深州别驾（官职名）杨弘业到了他们家，发现有六座院子，只有一个厨房，子弟好几十人，都知书达理，待人礼貌，杨弘业非常感叹。唐太宗贞观六年，皇帝颁布昭令，旌表了刘家。

每个人都有私心，刘君良的妻子只不过是出于对小家利益的考虑，想分家是十分正常的事情。可是中国传统思想中有很强的家族观念，破坏家族团结就会被认为是大不孝，当然也会被惩罚。在当时的社会生产力低下，作为一个大家族人多力量大，而且不会受到外族、旁人的欺负。

孝友天至

刘沨，南朝齐南阳人，字处和。父亲刘绍为南朝宋中书郎。母亲在刘沨小的时候就去世了，刘绍续娶了路太后哥哥的女儿。继母是皇亲国戚，自然目中无人，骄横跋扈，对待下人非常严苛，全家上下都很惧怕她。虽然刘沨当时年纪很小，可继母看待他就像奴隶一样，加上刘沨又是丈夫的前妻所生，继母更加看不顺眼，经常毒打他。

即使如此，刘沨也从来不记恨。路氏又生了一个儿子，长相俊秀，灵气十足，刘沨特别喜爱这个小弟弟。后来路氏生病一年多，未见好转。善良的刘沨每天都守候在继母身边，照顾饮食起居。他还经常为继母的病情担忧、哭泣，食不下饭。一旦继母病情有所好转，他就开心至极。心诚所至，继母的病竟然好了。路氏被深深感动了，对刘沨的态度变好了，让自己的儿子和刘沨一块吃饭，一块睡觉，一块玩耍，一块学习，最后还把家产分了一半给刘沨。

"孝"是一种发自内心的真诚的呼唤，这种呼唤就算是铁石心肠也会被感化的，刘沨的继母又怎么会例外呢？所以在后来司马光所撰写的《家范》中，子孝母不爱更加彰显孝。刘沨用他的至诚感动着周围的人们，一个人对打自己的继母都能够如此尽孝，更何况是给予我们生命的亲生父母呢？

回家见佛

杨黼，宋朝人，为人善良，性情非常温和，他很崇拜蜀中（今四川）的无际大师（即唐朝的得道高僧希迁和尚），并专程去拜访无际大师。走到半路时，他遇见了一位年纪很大的和尚，他就向这位和尚打听无际大师的情况，并告诉他自己要拜访的原因。老和尚听完，很认真地说："见无际还不如见佛呢！"杨黼没有理解他的意思，便问他道："佛在哪里？怎么才能见到佛呢？"老和尚回答说："你赶快回家，见到披着衣服、倒着穿鞋的人，那就是佛了。"杨黼听从老和尚的指点，立即返回，深夜才回到家中。这时，母亲听到儿子的敲门声，高兴地随手拿了一件衣服披上，踏上鞋子就跑出来了，竟然没意识到鞋子穿反了。杨黼见到这种情景，心中颇有感悟。从此以后，他没有再出去找无际和尚，而是在家中竭力孝养双亲。

《增光贤文》里有这样一句话："堂上二老是活佛，何用灵山朝世尊。"这与上述故事的内容不谋而合。父母才是我们应该真正去朝拜的，而何必执著于自己的意念？只要领悟到这一句话的真谛，从现在开始去做一个真正的孝子，一切都还不算晚，不要为自己留下"子欲养而不待"的遗憾！

不孝加重刑罚

《宋书》卷五十四中，记载着一个典型的因不孝而加重刑罚的例子。

宋孝武帝大明年间，安陆应城县（今湖北应城县）人张陵和他的妻子骂自己的母亲，说叫她死了算了。没有想到的是，他的母亲被儿子、儿媳一骂，想不开，就真的上吊死了。因为骂母亲而致母亲自杀，当时的法律没有明确规定要处以死刑。况且，这时正好是皇帝大赦天下，也就是说于情于理，张陵都会被免去责罚，起码罪不至死。然而，当时的孔渊之在讨论这件事的时候，认为张陵骂母亲实属不孝，已经是最大的罪行了。对于不孝的子孙，就要严加处罚，以正风气，不该将其列入赦免的行列。同时，量刑的时候就要比照最重的刑罚执行。最后，张陵被处以枭首，他的妻子吴氏因为孩子还小的缘故被免去了死刑。

在北朝北齐时，不孝被列为十恶之首。隋朝正式有了十恶罪名，不孝位列其中。唐朝将不孝罪列在十恶中的第七位，对此，《唐律疏义》中是这样规定的：

谓告言诅詈祖父母、父母及祖父母；父母在别籍，异财若供养有阙；居父母丧，身自嫁娶，若作乐释服从吉；闻祖父母父母丧，匿不举哀，诈称祖父母、父母死。

在明清两代的法律条文中，竟然一字不差地照录唐朝对不孝的规定。而在中国两千多年的封建社会中，不孝的刑罚最高至死刑。从中可以看出中国古人对孝的重视程度。

因不孝而遭雷劈

在中国有一句很狠的话就是"你被雷劈了"。这对于中国人来说就是遭

天谴，就是做了不合理的事情被上天惩罚了。

在中国文献中，因为不孝而被雷劈的事情有好几起。据南宋潘阳人洪迈在他的作品《夷坚志》中记载，南宋时期的兴国军（今湖北阳新）有个叫熊二的人因为不孝而遭到雷劈。

熊二的父亲熊明以前在军队上服役，年老之后就被除了兵籍，因为年老体弱，身子又不好，不能锯谋生，他的妻子也去世了。熊明只好将所有的希望都寄托在儿子身上。但是熊二的脾气很坏，看待父亲如同路人一样，致使熊明不得不外出乞讨。熊明多次含着眼泪找到自己的儿子熊二，恳求收留自己，但是熊二每次都是大骂父亲一通，叫父亲滚远一点。熊明几次都想将儿子告官，但是又不忍心，只能是每天晚上在家里烧香祈祷，希望儿子能够回心转意。

就这样两年过去了，有一天，长空无云，熊二在外喝酒赌博，突然天空暗了下来，暴雨突至，雷电交加，即使有人站在自己面前，也看不清楚。就在这时有人呼喊"熊二"，过了一会儿，天气又晴朗了，但大家都没有见到熊二。于是大家分头去找熊二，最后在城门之外找到熊二的尸体。只见熊二的两眼爆出，舌头也断了一截，背上有红字"不孝之子"，历历在目。

洪迈在记载这件事的时候，时间竟然非常具体，是在南宋孝宗皇帝淳熙三年（1176）年九月初七发生的。

在时隔三百年的明朝也有一件被雷劈的不孝子，被人记载下来。这件事记载在明朝人王文炳在万历年间修的书《庆远府志》中。

当时的庆元府，即是现在的广西宜山县，在柳州的西北方向。庆元府有一个叫曾蛮的人，他对待自己的母亲是非常不孝的，每次吃饭的时候，总是给母亲很少的食物，他的母亲总是吃不饱。每年祭祀的时候，都会留下许多肉食，但是曾蛮就是不给母亲吃，并且他还经常和妻子一起骂母亲，甚至有

时还打母亲。他的母亲只能忍耐着。

就在嘉靖年间的一天，突然风雨大作，雷电交加，击中了曾蛮住的屋子，奇怪的是左邻右舍的房子都安然无恙。打雷的时候，曾蛮母亲的发髻挂在了一个猪筐上，虽然竹筐烧了，但是她的发髻好好的。曾蛮夫妇两个则悬挂在了半空中，头发直直向上。曾蛮所住的屋子地下有一个裂缝，形状如猪一样的雷电，就从缝隙中钻入地下，很快雨就停了。曾蛮夫妇两个人从空中摔下来，晕倒在地，几天后就死掉了。

历史上，在民间流传最广的当数戏曲《清风亭》中被雷劈死的不孝子张继保了。取材于南宋孙光宪《北梦琐言》，其中记载了唐朝张褐的故事。

张褐是河间人，有五个儿子都取得了功名。按照《北梦琐言》记载，张褐的第五个儿子叫张仁龟，他是张褐与一个妓女所生的。张褐怕老婆知道，不敢将张仁龟带回家养大，就送给了他的一个朋友张处士。不过张褐还是很挂念这个儿子，常常在钱财上接济他们，并出钱供养张仁龟读书。张仁龟长大后，知道了自己的身世，于是就离开了养父，找到生父张褐的家里，这时生父已死，张褐的夫人经过一番考量，最后还是接纳了张仁龟。就在张仁龟走后，他的养父含恨去世了。张仁龟后来考中了进士，做了官，在他出使去江浙的途中，竟然莫名其妙地死了。当时的人认为张仁龟受到了天罚。

这个故事到了明清之时，经过好事者的一番修改，张仁龟就成了戏曲中的张继保，他的养父母则成了张远秀夫妇，故事的名称就叫《清风亭》，又叫"天雷报"。整个故事围绕孝而展开，情节非常感人，张继保考上进士之后，不再认自己的养父母，最后遭到雷击而死。现在《清风亭》流传甚广，徽剧、京剧、川剧、湘剧、秦腔等剧种都有演出，成为宣扬孝道的重要曲目。

相敬相爱

——广要道章第十二

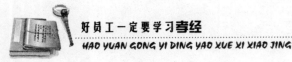

本章题解

广要道，指推广要道。

本章是讲孔子在首章所讲的要道二字，加以具体说明。使天下后世的为首长者，确知要道的法则可贵，实行以后，有多大的效果，明示孝的好处，期望能够效化风气。把孝道推广就能够让人在家知道孝敬父母，在外面才知道尊敬老师、尊敬领导；在家懂得友爱兄弟，在外面才知道关心朋友、团结同事。在家里把孝道行好了，在社会上才能更好地接人待物。这样何愁家庭不和睦、社会不和谐呢？

经文释译

子曰："教民亲爱，莫善于孝。教民礼顺，莫善于悌①。移风易俗②，莫善于乐。安上③治民，莫善于礼。"

【注释】

①悌：弟弟对兄长敬爱之意。

②移风易俗：改良社会风气与习俗。

③安上：让在上位的人安于其位。

【译文】

孔子说："治国平天下的大道，应以教化为先。教化人民相亲相爱，没有比孝道再好的了；教化人民恭敬和顺，没有比悌道更好的了；要想改善社会风气，改变民闻习俗，没有比音乐更好的了；要想长官身心安定，治理一国的人民，莫有比礼法更好的了。"

礼者，敬而已矣。故敬其父，则子悦；敬其兄，则弟悦；敬其君，则臣悦；敬一人，而千万人悦①。所敬者寡，而悦者众，此之谓要道也。

【注释】

①敬一人而千万人悦：敬爱一人而千万人喜悦。一人，指父兄君王。千万人，指的是子弟臣民。

【译文】

礼的本质，是一个敬字。因此，如果一个元首，能恭敬他人的父亲，那他的儿女，一定是很喜悦的；敬他人的兄长，那么他的弟弟一定很喜悦的；敬他人的长官，那他的部下和老百姓，也是很喜悦的。这一个敬字，只是敬一个人，而喜悦的人，又何止千万人呢？所敬者，只是父、兄、长官，而喜悦的，就是子弟、部属、大多数的人。所守者约，而影响甚广，难道不是要道吗？

解读运用

教民亲爱，莫善于孝。教民礼顺，莫善于悌。

【经言礼论】

君主治理国家，建立社会道德规范的行为标准，统治者提倡孝道是一个明智的举措。

【故事演绎】

闵子骞和他的后母

闵子骞（前536～前487），名损，春秋时鲁国人。生母死后，父亲续弦了后母，后母又生了两个儿子。子骞供养父母，不敢有丝毫懈怠。后母讨厌他，做棉衣时，给亲生儿子的夹衣里加进厚厚的丝棉絮，而子骞的冬衣里却是用芦花絮填塞的。

父亲一点也不知道后母做的这些事情。冬天到了，父亲外出，让子骞给他驾车。子骞受不了这种严寒的天气，冻得不停地颤抖。拿缰绳的手冻得发麻、发痛，缰绳屡次从手中掉落。父亲责骂他，他也不辩解。后来父亲觉得有些奇怪，便仔细观察了下，才发现子骞是被冻的。父亲伸出手在他的身上摸了摸，发觉他的衣衫非常单薄。父亲把他的衣服拆开来翻看，一团团的芦花经风一吹都飞走了。

父亲又检查了后妻所生的两个儿子的棉衣，他们的衣服都非常暖和。父亲因悲哀而叹息，决心休了后妻。子骞听说后，泪如雨下，上前对父亲说："母亲在的话，只有一个儿子受冻，如果撵走母亲，三个儿子都会孤苦的，请爹爹好好想一想其中的利弊吧。"

父亲想了想，觉得有些惭愧，便不再提休妻的事。而后母更是羞愧，从此改过自新，对待三个儿子很公平，衣服、饮食都安排得一模一样。

人无完人，孰能无过，过而能改，善莫大焉。虽然说母慈子孝不是个因果关系，但是如果自己无法做好，又怎么能改变别人的态度呢？闵子骞就是以他的孝恭改变了母亲对他的看法，从而使一家人幸福美满地生活在一起。

王祥和他的后母

王祥，琅琊人，字休征。他还很小的时候，生母就去世了。父亲续弦朱

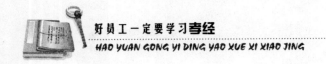
氏，也就是他的后母。他侍奉后母非常尽心，父母让他做什么都毫无怨言。后母却根本不把他的孝顺看在眼里，还经常在王祥父亲的身边说王祥的坏话，父亲也因此不喜欢王祥了。后母甚至还想着找个机会把王祥害死。

有一天半夜，后母朱氏估计王祥睡着了，就拿了把菜刀潜往他的卧室。刚好王祥外出小解，后母在他床上连砍几刀，以为王祥必死无疑，便非常得意地走了。

王祥回来后，看到被子上的刀痕，心里便明白了几分，但他没有声张。第二天，后母见到他，惊恐不已，但王祥神色如常，对待后母仍然很恭敬。

王祥家的庭院里有一棵果树，结的果子很多，怕被虫鼠和他人偷吃，后母让王祥寸步不离地守着果树。一次夜里，刮大风了，下大雨了，王祥也不敢跑回屋子里，抱着树，被雨淋了整整一夜，身上又湿又冷。后母见了，动了恻隐之心，以后就再也不折磨他了。

后母病重，寒冬天气的时候想吃鱼，王祥为盼后母病早好，来到了盖满冰雪的河上。可是河面上早已经结成了厚厚的冰，王祥就想以自己的体温暖化冰面，脱了衣服赤身裸体地伏在冰面上，并向上天祈祷："老天爷，我妈妈病了，想吃新鲜的鲤鱼，你无论如何得帮我想想办法。"说也奇怪，就在他快要冻僵的时候，身旁的冰块忽然裂开了一道缝，有两条活生生的鲤鱼打缝儿跳了出来，在冰面上蹦跳。王祥高兴得不得了，连忙跪下来，感谢老天爷，然后拿着鲤鱼就跑回家去。王祥的后母吃了新鲜的鲤鱼，病也很快好了。王祥卧冰求鲤的事，就在民间传开了，好多人说这是孝心所至啊！为了颂扬这孝顺的孩子，有人曾作诗赞颂：继母人间有，王祥天下无。至今河水上，留得卧冰模。

王祥因求鲤、孝名和功绩被加官晋爵，晋武帝时官拜太保，进爵为公，许以不朝之特权，寿终九十四岁，其孝名为历代所传唱，流传后来，妇孺皆知。

戚继光不负父训

戚继光（1528—1588），字元敬，号南塘，晚号孟诸，山东登州人，一说祖籍安徽定远，生于山东济宁，明代抗倭将领、军事家。于浙、闽、粤沿海诸地抗击来犯倭寇，历十余年，大小八十余战，终于扫平倭寇之患，被誉为民族英雄。卒谥武毅。

戚继光从小受其父戚景通的严格教育，戚景通一发现其缺点，会严厉批评。

有一次，父亲问戚继光："宋代岳飞曾说过什么话？"

戚继光答道："文官不贪财，武官不怕死，国家就兴旺。"

"对，你要终生记住这句话，认真读书，勤练武艺，才能为国立功，干一番大事业！"

几年后，戚继光成为了一名文武双全的青年军官。这时，父亲正埋头著一部兵书，有人劝他晚年要多置办些田产以留给后代，戚景通听了后就对继光说："你知道父亲为什么给你取名继光吗？"

戚继光答道："要孩儿继承戚家军名，光耀门第。"

"继儿，我一生没有留给你多少产业，你不会感到遗憾吧？"

戚继光指着厅堂上父亲写的一副对联："授产何若授业，片长薄枝免饥寒；遗金不如遗经，处世做人真学问。"读了一遍后说："父亲从小教我读书习武，还教导我做一个品德高尚的人，这是给我最宝贵的产业，孩儿从没想过贪图安逸和富贵，我只想早些看到父亲将来像岳飞建'岳家军'一样，创立一支'戚家军'。"

戚景通听了心中十分宽慰，笑着对儿子说："我这部《戚氏兵法》已经完成了，现在我要传给你，这是我一生的心血，将来你用它来报效国家吧！"

戚继光跪在地上，双手接过兵书说："孩儿一定研读这部兵法，不管将来遇到什么艰难险阻，我也不会丢弃父亲的一生心血。"

戚景通在72岁时患重病去世，戚继光接到噩耗从驻防地赶回家中奔丧。

他在父亲坟上哭着说："继光一定继承您的遗志，为国尽忠，赴汤蹈火，在所不辞！"

明嘉靖三十四年（1555），朝廷任戚继光为金浙江都司，负责抗倭。他组织"戚家军"在六年中九战九捷，威震中外。他曾对人说："我之所以能抗倭取胜，全靠我父亲在世时的谆谆教诲啊！"

遵从父母的训导，这也是一个人孝的表现。也许，父母对孩子的期望可能会高于孩子的能力，但是有一点却是相同的，就是都希望孩子能够有出息。所以谨记父母的训导，对一个人来说很重要，尤其对还不能自己明辨事物的年轻人来说，无论父母、长辈，给你们的建议或者批评有可能都是为了你更好地成长。所以，我们对于父母、长辈应该恭敬地对待，虚心听他们所说的道理。

所敬者寡，而悦者众，此之谓要道也。

【经言札记】

只要尊敬一个人就会赢得众人的喜悦，这就是孝道的重要啊。如果扩展地讲，就是找到一个突破口，从而赢得全局的方法，也就是人们常说的一窍通百窍通。

【故事演绎】

上书赎父

淳于缇萦，西汉山东人，她有四个姐姐。父亲淳于意弃官从医，由于他精通医术，因此很少有他治不好的病。

有一次，淳于意面对一位病入膏肓的贵妇却自知无力回天，为了满足贵妇家人的希望，他只是象征性地给她服了几付草药。不久，贵妇逝世。这时，贵妇的家人却一口咬定是淳于意开错了药方所致，因此，淳于意被判罪，即将受肉刑。那时的肉刑有三种：脸上刺字，割去鼻子，砍去左足或右足。当过官的淳于意按规定要被先押到都城长安去受刑。淳于意离家那天，感慨自己没有儿子，女儿又帮不上自己的忙，遇到了困难也无人能帮。

缇萦听了，暗下决心一定要救出父亲，于是，她决定陪父亲上长安，替父申冤，历尽艰辛，缇萦终于来到了长安。她听说汉文帝曾下旨准许百姓直接向他申诉冤情，因此便请人写了奏章，向文帝陈述了父亲的冤情："我叫缇萦，是太仓令淳于意的小女儿。我父亲做官的时候，齐地的人都说他是个清官，现在他受冤枉要被判处肉刑。肉刑太残酷了，我不但为父亲难过，也为所有受肉刑的人伤心。刑罚的目的是为了让人能够改过自新，一个人受了肉刑以后，失去的肢体不能复生，即使悔过自新也无济于事。所以我情愿给官府收为奴婢，替父亲赎罪，好让他有个改过自新的机会。"汉文帝读完奏章后，对缇萦深表同情，又召集了一些近臣，针对肉刑的不合理提出了新的处罚方案。就这样，文帝废除了不合理的肉刑，改为打板子了。

缇萦的孝心孝行，不但成功地拯救了父亲，而且使统治者下令废除了残忍的肉刑，使无数人免于肉刑之身心剧痛。孝的精神力量是伟大的，大到可以改写历史。班固有诗赞曰："百男何愦愦，不如一缇萦。"

子孝妻烈

徐允让，元末浙江山阴（今浙江绍兴）人。妻子潘氏，名妙圆，也是山阴人。元末，战乱四起，一次，他带着父亲和妻子到山谷中避难。途中遇到了乱兵，其中一个头目抽出刀要杀徐允让的父亲。徐允让大声吼道："你们杀我吧，不要杀害我的父亲！"于是徐允让惨遭杀害。惨无人性的乱兵还要侮辱徐允让的妻子潘氏。潘氏是一个刚烈的女子，但是由于丈夫惨遭杀害，

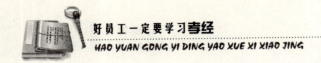

尸体没有火化，就强颜欢笑地说："我丈夫既然已经死了，那我一定会跟从你们的。如果能让我先把丈夫的尸体焚烧掉，那我就没有什么遗憾了。"

乱兵相信了她的话，并找来许多柴禾，焚烧她丈夫的尸体。火越烧越大，潘氏边哭边说着什么，并义无反顾地跳入了熊熊烈火中，与丈夫一同死去了。她的这一举动吓坏了乱兵，于是，乱兵也就没有再去为难徐允让的父亲。明太祖时期，朝廷为徐允让夫妇立了孝烈碑，宣扬他们的孝道。

"孝"能打动人心，而懂得使用孝道作为治国的工具，是千百年来封建帝王的明智选择。

代父甚喜

明朝江宁（今江苏南京）人周琬。他的父亲做滁州牧的时候，因为犯了罪而被判死罪。16岁的周琬，来到官府门前，跪下叩头，请求代父受刑。明太祖知道后，怀疑是别人告诉他这么做的，就想试他一试。他下令立即将周琬斩首，周琬知道后，面不改色，神态从容不迫，依旧叩头请代父罪。太祖很是惊讶，认为他小小年纪竟能有如此孝心，实属难得，就免除了他父亲的死罪，改判戍边。周琬继续请求用自己的死来免除他父亲戍边。太祖大怒，又下令将其斩首，但最后还是被他的孝心所感动，于是赦免了他们父子俩。太祖还亲题"孝子周琬"四个字嘉奖他，一时被传为佳话。

刑罚不是臣服百姓的最佳工具，"孝、悌、乐、礼"才更容易使大众接受。"孝子周琬"不是对周琬一个人的褒奖，也不是写给他一个人看的。它透露着一种讯息，那就是执政者并不是一个冷酷无情的无道昏君，百姓就可以信任他。这不失为一种收买人心的绝佳手段，当然也是百姓乐于接受的。

举案齐眉

梁鸿，东汉人，字伯鸾，原籍平陵（今陕西咸阳市西北），年轻时家里

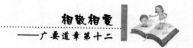

很穷，由于刻苦好学，他成了一个很有学问的人。但他不愿意做官，进入霸陵山隐居，和妻子在田间勤恳劳作，过着俭朴而愉快的生活。

梁鸿的妻子，是和他同县孟家的女儿，名叫孟光，字德曜。生得皮肤黝黑，体态粗壮，喜爱劳动，没有小姐的习气。据说，孟家当初为这个女儿选对象，费了一番周折。30岁了还没出嫁，主要原因倒不在于一般少爷嫌她模样儿不够娇，而在于她瞧不起那些少爷的一副娇模样。她自己提出要嫁个像梁鸿那样的男子。她父母没法，只得托人去向梁鸿说亲。梁鸿也听说过孟光的性格，便同意了。

孟光刚嫁到梁鸿家里时，作为新娘，穿戴得不免有些漂亮，梁鸿便一连七天都不主动和她说话。到了第八天，孟光挽起发髻，拔去首饰，换上布衣布裙，开始勤劳操作。梁鸿大喜，说道："好啊，这才是我梁鸿的妻子呢！"

据《后汉书·梁鸿传》载，梁鸿和孟光婚后，隐居在霸陵（今陕西长安县东）的深山里。后来，举家迁居吴地（今江苏苏州）。两人共同劳动，互助互爱，彼此又极有礼貌，真所谓相敬如宾。据说，梁鸿每天劳动完毕，回到家里，孟光总是把饭和菜都准备好了，摆在托盘里，双手捧着，举得齐自己的眉毛那样高，恭恭敬敬地送到梁鸿面前去，梁鸿也就高高兴兴地接过来，于是两人就愉快地吃起来。这就是"举案齐眉"的由来。

后世很多人形容妻子贤惠，或者教化女子要恪守做妻子的本分便用举案齐眉来形容。诚然妻子贤惠，丈夫就能够没有后顾之忧地工作生活，敢在外面打拼。人常说每个成功的男人背后都有一位默默无闻的女人，也就是这个道理。

平易近人

——广至德章第十三

本章讲的是把至德的意义扼要地提出来，使执政的人知道至德怎样地去实行。上章是说致敬可以悦民，本章是说教民所以致敬。故列于广要道章之后。

本章题解

经文释译

子曰："君子之教以孝也，非家至①而日见②之也。教以孝，所以敬天下之为人父者也。教以悌，所以敬天下之为人兄者也。教以臣，所以敬天下之为人君者也。"

【注释】

①家至：去每家每户。
②日见：每天见面。

【译文】

孔子说："执掌政治的君子，教民行孝道，并不要是亲自到人家家里去教，也并非是日日见面去教。这里有一个根本的道理：以孝教民，使天下之为人子的，都知道尽事父之道，那就等于敬天下之为父亲的人了。以悌教民，使天下之为人弟的，都知尽事兄之道，那就等于敬天下之为人兄的人了。以为人部属的道理教人，那就等于敬天下之做长官的人了。"

《诗》①云："恺悌君子②，民之父母。"非至德，其孰③能顺民如此其大者乎！

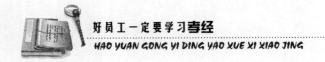

【注释】

①诗：指《诗经》。此处引用的诗句见《诗经·大雅·酌》篇。

②恺悌君子，民之父母：和乐平易的君子，是人民的父母。恺悌，和乐平易。

③孰：谁。

【译文】

《诗经·大雅·酌》章说："一个执政的君子。他的态度常是和平快乐的，他的德行常是平易近人的，这样他就如同民众的父母一样。"没有崇高至上的一种大德，怎么能顺其民心而达到这种伟大的程度呢？

君子之教以孝也，非家至而日见之也。

【经言札论】

希望统一天下的人，以其实行至德的教化，才能得到百姓的热切拥护，从而推行政治也较容易。执政者，若能利用民众的自然天性，施行教化，不但人民爱他如父母，而且所有的政教措施都容易实行了。

【故事演绎】

目连救母

目连，释迦牟尼佛的神通第一弟子，他在俗世的母亲叫青提夫人。他们住在西方，家里很有钱，有财物不计其数，牛马成群。但是，青提夫人为人小气、贪心，还滥杀小动物。丈夫死了之后，她一个人带着儿子过活。这个儿子小名叫罗卜，也就是后来的目连。目连从小很有善心，经常施舍穷人，尊重和尚，布施捐钱，每天设素食招待僧人，用心读大乘教义，从未间断。

有一天，目连要出去做生意，到屋里向母亲告别："我要去做生意，挣了钱来侍奉您，家里的钱，我想分成三份：一份我带了去，一份留着您用，另一份施给穷人。"

母亲听了，就让罗卜去了。自儿子走了之后，青提夫人在家过得十分舒心，天天杀鸡宰羊地烧好东西吃。每逢尼姑、和尚来的时候，就叫佣人棒打着赶他们出去。看到孤老，就放狗去咬。过了半个来月，目连做完生意回来了，在回家之前，他先叫佣人提前回家通报。青提夫人听说儿子回来了，匆匆忙忙地在院里周围挂了彩旗来欢迎，以至于把草皮都踩坏了。过了两天，罗卜回到家，拜见母亲，向母亲道好。青提夫人见了儿子，十分欢喜，说："自从你走了之后，我在家里也经常做善事。"

有一天，儿子在邻居家谈到了青提夫人。邻居说没有看见她做什么善事，每天杀生来吃，不拜佛祖却拜鬼神，和尚、尼姑来了，常常就被她赶走。儿子听了，问母亲这是不是事实。母亲听说了，怒气冲冲地说："我是你妈妈，你是我儿子，今天如果你不相信我，我就发咒，我如果说了谎话，七天之内就死掉，死了还要下地狱。"

罗卜听了，哭着叫母亲不要生气，不要发这样的咒。哪知青提夫人说完，上天早就知道了。青提夫人果真在七天之后死了，灵魂被带到了地狱受苦。目连见母亲死了，十分悲痛，戴了三年孝，设了七七四十九天的斋饭。他想着如何来报答母亲的恩德，想来想去，唯有出家最好。

如来佛什么都晓得，等罗卜出了家，就让他学到了第一流的神通，给他取了号，叫作大目连。大目连晓得很多知识，本领超过了罗汉，有着尊贵的地位。他想着怎样来报答父母，所以用天眼来寻找两位老人托生在什么地方。看到阿爹已升入天堂，天天过得快乐逍遥，母亲却在地狱里受折磨。

目连十分难过，就前来告诉如来："如来佛啊！我母亲应该升到天堂的，却下到了地狱，这到底是为什么？我虽然和罗汉一样尊贵，能耐却是有限，弄不清其中的道理，希望您可怜我，告诉我其中的奥秘。"

如来把目连叫到跟前："你且听我说，不要这样哭不停。只因为你母亲活着的时候不行善事，天天杀生，欺侮和尚、尼姑。是她自己作了孽，就一定要自己受到报应，到地狱里受苦，有谁能救得了呢？"

目连听了，苦闷极了。虽然知道了母亲受苦的根源，他还是打算去救母亲，只是恨自己神通不够，进不了地狱的门。他向如来请求说："我想见一眼我的母亲，可是我的神通还不够。希望您能发发慈悲，拿出您的威力来，就算仅仅只能看一眼，我也永生不忘您的恩德。"

听了目连的多次恳求，如来见他可怜，就借给目连一条神奇的拐杖，一个神奇的钵盂。目连借来神通，"腾"地升到空中，像风一样快，一会儿到了地狱门口，摇着拐杖，地狱门就自动开放了。

地狱里面黑洞洞的，许多重黑色的墙壁，许多扇漆黑的大门，四面是黑铁做的城墙，城中有许多铜做的烟囱，黑红的火焰从里面喷出来。目连的母亲遍体伤痕，哪里还能看出往日的模样！

目连看到了母亲，几步抢上前去，哭着抱住母亲，长久说不出话来。过了好久，才边哭着边说："母亲您以前做了那么多善事，总想应该能够升入天堂，为什么却落得今天受这样大的苦？"

青提夫人叫目连的名字："罗卜啊罗卜，今天落到这样的下场，全是因为我生前造的孽。想我活着的时候，为人小气，嘴巴又馋，老是杀生，不做善事，哪想到有今日哪！罗卜啊罗卜，娘现在遭的是什么罪呀！"

目连听了，更加难过，看母亲生前与生后，面貌像变了个人。自己地位高贵，常有好菜好汤，自己的亲生母亲却是连一口汤也喝不上。目连急忙施展神通，变来了好吃的饭食，端给母亲吃。哪知青提夫人活着时罪孽太深了，汤一端上来就成了铜汁，饭菜刚想吃就变成了大火。目连看到这个情景，知道是母亲以前做错了事，流下了眼泪。

看望完母亲，目连施展本领又回到了如来佛那里，把看到的跟如来讲了，请求如来佛救救自己的母亲。如来佛是个很慈悲的人，无时无刻都想为别人做好事，看目连这样孝顺，就告诉目连说："我告诉你一个方法。你要多多准备些好的果子和吃的，等到有一天，许多和尚都解去忧愁，罗汉们都欢喜的时候，你把好菜好果端出来。再三地恳求他们救你的母亲，或许能成功，这也叫盂兰会。"

目连听了，非常高兴，就照着如来说的去做，每个座位上都用彩条和花朵来装饰，香炉里焚上上好的香 准备了好多稀罕的食物，在案桌上供起来，真心真意地企求如来和众多的佛陀，救救自己的母亲，让她离开阴间，能早日升入天堂。

这样的诚意，终于使得目连的母亲提早离开了地狱，免得长期遭受非人的折磨。但终因罪孽深重，不能够升到天上，脱胎变成了都城里一条母狗。每天在街上跑着，吃着不干不净的东西。

目连知道自己的力量不能再次救母亲上天，就又来告诉如来。如来正好在讲授这方面的教义，被目连的一片孝心打动，就叫目连记着：在庵园里，请上四十九个和尚，设上七天的道场，日日夜夜要念经拜忏。挂上布幡，点上灯笼。看到动物就要放它一条生路，自己要读佛经中大乘的教义，诚心地祭请各个佛陀。目连一一照办，青提夫人才终于升了天。

佛经里经常告诫弟子们，一定要像目连一样孝顺。如果父母双亲都还健在，就要听他们的话，好好侍奉他们。如果他们有一天忽然死去了，就要吃素食听佛法来报答他们的养育之恩。不能像一些笨人，连自己的父母也不报答。禽兽们也知道哺养的深情，何况自己是父母生下来的，怎能不

去行孝道？

化干戈为玉帛的大象

从前，有两个国王，一个是迦尸国王，一个是比提醯国王。比提醯王拥有一头力量非常大的白色香象。每次出征，总是能够轻而易举地就把迦尸王的军队给打败。迦尸国王为了报仇雪耻，便对全国人民下令说："有人能为国王抓来强壮的香象，必有重赏。"

当时，有一座深山里住了一头大白香象，被人无意中发现了。国王立刻派了很多人上山围捕。这头强壮的大象没有丝毫要逃跑的意思，温驯地被带回了皇城。国王看到这头强壮的白香象非常欢喜，为它盖了一个漂亮的屋子，里面铺了非常柔软的毯子，又给它上好的饮食，还请人弹琴给它听，可是香象却始终不怎么吃东西。

这可急坏了迦尸国王，决定亲自来看这头香象，问道："东西不合口吗？你为什么不吃呢？"香象回答："我还有父母住在山里，它们年纪老了，眼睛瞎了，没有办法自己找到水草来吃，一定会饿坏了的，一想到这个，我就难过得吃不下东西……大王，您能不能放我回去孝养父母，等我的父母老死了，我便会主动回来效命。"

听了大象的一番陈词，迦尸国王深受感动，便放这头香象回到山中。同时布告全国民众：全国皆要孝养，恭敬父母，若不孝者，将处以重罪。

过了几年后，大香象的父母逝世了，大香象依约来到迦尸国王殿前。迦尸王高兴极了，立刻派它进攻比提醯国。但是，香象反倒劝国王化干戈为玉帛，并愿意前往比提醯国，做和平的使者。果然，大香象真的化解了怨结，使两国人民都能安居乐业。两国人民都把大香象作为吉祥的圣物供奉起来。

这是佛经中教人孝敬的一个故事。正是因为大香象的孝行感动了迦尸国王，从而把孝颁行全国，赢得了民众的拥护，也赢得了邻国的尊敬，化解了两国之间的仇恨，化干戈为玉帛。

教以孝，所以敬天下之为人父者也。教以悌，所以敬天下之为人兄者也。教以臣，所以敬天下之为人君者也。

【经言札记】

教人孝能够使儿女尊敬父辈，教人悌能够使兄弟和睦，教人臣能够使臣子尊敬群王。这是就孝经里面提出来的维护社会秩序的方法，对促进和平、维护社会发展有很大的作用。

【故事演绎】

天赐奇钱

宋代的都城，有一个守寡的孀妇人称吴氏。吴氏在很年轻的时候就死了丈夫，自己没有生儿育女，只有一个老婆婆和自己相依为命。吴氏对自己的婆婆非常孝顺，冬天的时候外面冰天雪地，她害怕婆婆睡觉的时候冷，就先帮婆婆暖好被子再请她就寝，如果没有火种就用自己的身体去暖冰冷的棉被。婆婆年纪大了而且眼睛也看不见东西了，她觉得愧对吴氏，也觉得吴氏守寡这么多年很孤单，就想为吴氏招赘一个女婿，但是被吴氏坚决地劝止了。

此后，吴氏更加尽心地伺候婆婆，把自己省吃俭用、辛勤劳作养蚕挣来的钱全部拿来孝敬婆婆。对于婆婆因为年纪大了所以失明这件事极力掩饰，害怕婆婆知道后会伤心。有一次，在做饭的时候，吴氏出去了，婆婆怕饭煮得太烂，就把饭倒在了盆子里，可是，婆婆误把脏水桶当作盆子，把饭倒进了脏水桶里。吴氏看到后赶忙到邻居家去借来饭给婆婆吃，而自己却把脏水桶里的饭捞上来，用水洗过蒸熟后再吃。吴氏看婆婆年纪大了，需要置办后事所需的东西，但是自己又没有钱。于是，她就将自己所有值钱的东西典当殆尽，托邻居去置备后事。

吴氏对婆婆的关心真可谓无微不至。好心自有好报，有一天晚上，吴氏做了一个奇怪的梦，梦中有一位白衣仙女对她说："你虽然只是一个村妇，可是却如此深明大义，能将婆婆侍奉得如此周到，现在上天赐给你一枚钱币。"早上起来后，吴氏果然在床头发现了一枚钱币，过了一晚上这一枚钱币居然变成了上千枚，等吴氏用完之后又会有新的钱币源源不断地生出来，人们将其称为"子母钱"。许多年以后，吴氏在没有受任何病痛的情况下平静地死去，她所住的地方生出一股奇异香气，几个月才散去，而原来的钱币随着吴氏的去世也就消失了。

虽然"天赐奇钱"仅仅是一个美丽的传说，然而每一个善良的人心中都有一个美好的愿望，那就是希望好人有好报。以德感人更能深入人心，作为一个国家的统治者，利用好这种至德的教化作用，不仅仅是治国的法宝，也是对所有善良人的肯定与褒奖，对国家的稳定也可起到极大的帮助作用。

求食遇贼

刘平，字公子，苏宁一带人。王莽掌权时，他任一个地方的太守，政绩显著，治理有方，因此深得百姓爱戴。王莽死后 天下大乱。刘平为了母亲的安全，就带着她逃往异乡，藏于一座深山中。

一日清晨，刘平出去找食物，遇见了一群山贼，把他抓住并要吃他的肉。刘平一点都不怕，毫不担心自己的安危，但是他挂念着还未进食的老母，面无惧色地跪在地上向贼人叩头说："我今天早上出来是为了给老母亲寻找野菜充饥，如果我不回去的话，老母亲就算饿死了，也没有人知道。所以，恳请你们高抬贵手，先让我回去把母亲安顿好，然后我再回来，接受你们的处置。"其实这些所谓的山贼，无非是群战乱中无家可归的饥民，本不是穷凶极恶之徒，只是迫于生计才落草为寇的。他们听了刘平的诚恳话语，动了恻隐之心，于是便放他回去了。

刘平回到母亲处，给母亲吃完了东西，并且找人做了些托付，竟然真的信守诺言，又回到了山贼所在之处。面对他的信义和正直，山贼们都非常震惊，没想到还真有这样的人。于是，山贼的头领说："我们只听说古代有节烈之士，没想到今天能亲眼见到。我们怎么会吃你的肉呢？"就这样，刘平化险为夷，回家服侍母亲去了。

后来，刘平又做了官，先被推举为孝廉，后担任了义郎一职。

孝心是相通的，山贼们也是父母生、父母养的，何况他们都是饥饿的难民，不是天生就"恶"。所以，面对孝子刘平的孝心与信义，他们内心善的一面也被激发了。可见，"孝道"能够使人向善。

专意养兄

颜含，晋代琅琊人，字弘都。他的父亲颜默，曾任汝阴太守。颜含兄弟三人，长兄颜畿，次兄颜莘，颜含最小。长兄颜畿，病死入殓装棺后，当晚托梦给妻子，说他要返回阳间，复活过来，让他们给他打开棺材。第二天，颜含的母亲及其他亲人也都说做了相同的梦。父亲反对开棺，但经不住颜含的苦苦劝说。打开棺盖后，发现哥哥果然还有呼吸，但是复活过来的哥哥，在喂了他一个多月的稀粥后，依然不能真正地清醒过来，整天迷糊在床。母亲和兄嫂觉得没希望，也厌倦了这种无结果的伺候，只有颜含从来不放弃、不气馁。他摒弃了一切社交活动，伺候起哥哥的饮食起居，足不出户十三年，直到哥哥去世。

后来父母和二哥也相继去世了。二嫂樊氏因疾病导致双目失明，颜含便督责家人，尽心奉养，每日亲自喂汤药。治疗二嫂的眼病，需要用蛇胆作药。他寻访了好多地方，却找不到，他心急如焚。一日，颜含闭目端坐在屋前，忽然出现一个青衣童子送给他一个青囊，打开一看，正是遍寻不得的蛇胆。于是，二嫂樊氏的双目就被治疗好了，重新看到了外面的世界。从此，颜含声名大振。

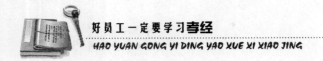
颜含的初衷并不是让自己名声大振，他对于兄嫂的孝悌之情是发自内心的，他的实际行动也证明了他品性的高尚。一个人高尚的道德和情操能够起到言传身教的作用，而这种作用的威力并不是只有当权者才拥有的！

能孝则会忠

——广扬名章第十四

本章题解

　　本章是讲，孔子既把至德要道分别讲解得清清楚楚，又把移孝作忠、扬名显亲的办法具体地提出来，以告诉曾子。我国古代圣贤所讲的名誉，首重德行。德为名之实，无实之名，君子以为可耻。不像西人所讲的名誉，专重名誉了。所以有名誉的人不一定有德行；有德行的人，必定有名誉。德是根本，名是果实。

经文释译

子曰："君子之事亲孝，故忠可移于君①。事兄悌，故顺可移于长。居家理，故治可移于官②。是以行成于内③，而名立于后世矣。"

【注释】

①君子之事亲孝，故忠可移于君：君子侍奉父母亲能尽孝道，以孝作忠，能为孝子的人也可以成为忠臣。

②居家理，故治可移于官：孝悌则能处理好家事，家事既然能处理好，若为官的话，处理公务能够做得头头是道。

③行成于内：指在家里能把孝悌的德行表现得很完善。行，指孝悌的德行。成，有所成就。内，指家里。

【译文】

孔子说："君子侍奉父母亲能尽孝道，以孝为忠，能为孝子的人也可以成为忠臣的。他能敬兄，必具和悦态度。以和悦态度移于事长，必能听从长官。处家过日子，也能处理得有条有理，他的治事本能也一定不一般。如移作处理公务，必能办得利落。所以说，一个人的行为，如果在家就能够做到德行完善，这样由内到外，替国家办事，不但做官的声誉显耀于一时，而且忠孝之名将永远流传于后世。"

解读运用

君子之事亲孝，故忠可移于君。事兄悌，故顺可移于
长。居家理，故治可移于官。

【经言札记】

孝换一种角度就是忠、悌，这说明，可以事长于自己的人，能够处理好
家庭的人，便能够整治国家。

【故事演绎】

怀橘遗亲

陆绩是三国时期吴国人，字公纪，是当时的天文学家。他自小受父亲陆
康高风亮节的熏陶，深懂忠义孝悌之道。陆绩聪明伶俐，酷爱读书，博学多
识，人称"神童"，颇有名气。

6岁那年，他跟着父亲去九江拜见大名鼎鼎的袁术，一点也不怯场。袁术
提的问题，他侃侃而谈，不卑不亢，袁术惊叹小陆绩的才学，破例地给他赐
坐，还命人端来一盘橘子。那橘子圆圆的，大大的，皮色金黄，肉肥汁多，
味道极美。陆绩悄悄地往怀里塞了三个，在场的人谁也没有注意到。

一席长谈，袁术对小陆绩的才华非常满意。陆绩在临走前向主人告辞的时
候，橘子从他的怀里滚落到地上了。袁术开始吓了一大跳，以为那是什么"秘密
武器"，待看清那不过是橘子时，不禁哈哈大笑："你这孩子是到我家来做客
的，怎么走的时候还要在怀里藏着主人的橘子啊？"陆绩不慌不忙，直视着他的

眼睛，真诚地答道："因为我的母亲非常喜欢吃橘子，我想拿回去送给她吃。"

小陆绩振振有辞，神色自若，一点也不觉得难堪。因为在他心目中，母亲是伟大而神圣的，儿子孝顺母亲，天经地义，不是什么见不得人的事。袁术听后很惊讶，对这小孩另眼相看，这么小的年纪就懂得孝顺母亲，将来他必定能成为一位不同凡响的人物。

果然，陆绩成年后，博学多识，通晓天文、算术，曾作《浑天图》，注《易经》，撰写《太玄经注》，官至郁林太守。

世人对孔融让梨的故事耳熟能详，但真正做到礼让的人却不多。要知道，没有父母，就没有我们的一切。凡事多想想父母，有好东西应该先给父母，不要只顾自己，不管父母。孝心不需要你大量的金钱投资，孝心不需要你无尽的物质补贴。父母在乎的正是你那一个小小的橘子，一把小小的扇子，一句简短的问候！心中有父母就是孝的开始，它能够延伸到你生活的每一小细节中。而这些小的细节正是构成一个人道德和名誉的基石，只有这些基石是坚实和牢靠的，一个人的名声和威望才不会是虚无的！

代父得宥

吉翂，字彦霄，南朝梁冯翊莲勺（今陕西省）人，吉翂从小就非常孝顺。11岁时，母亲去世，他悲伤地不吃不喝。吉翂的父亲在担任兴郡原多县令时，遭到诬陷，吉翂知道此事后就去击鼓鸣冤，请求以自己的性命换回父亲的生命。梁武帝感到非常惊奇，但认为一个孩子能有如此孝心可能不是自己甘愿，而是有人给出的主意，于是就命廷尉蔡法度在公堂上摆满绳索刑具，厉声审问吉翂是什么人指使他这么做的。吉翂回答说："我虽年幼蒙昧，但怎么会不知道死的可怕呢？我不忍心看着父亲被处死而自己却无能为力。所以，能以我的性命救回父亲的命我无怨无悔。"吉翂当时只有15岁，怎么会是别人指使的呢？蔡法度又转变态度，诱哄他说："皇上知道令尊无罪，也知道你是个好孩子，如果你现在反悔，你们父子都会得到赦免。"吉劝说："谁都爱惜自己的生命，只是我父亲按刑律被处死。如果不死一个人的话，是不符合律法的。所以，我想用我的死，来延缓父亲的生命。"梁武帝得知详情后，免去了他父亲的死罪。后来，丹阳尹王志要推举他为孝廉，吉劝却说："父辱子亡，理所当然。我要是因此当了孝廉，就是在做亡父买名的浅薄行为。这比父亲被侮辱还要令人痛心。"因此，他始终没有答应。

名誉很重要也很宝贵，可是如果这种名誉是拿所谓的孝行买来的，就会成为一种浅薄的行为，这种名誉对于至孝的人来说就会成为一种侮辱。然而也往往正是因为这种真诚和正直的个性，使至孝的人拥有了更响亮、更纯粹的名誉！

自刿救姑

东汉河南郡乐羊子的妻子，姓氏不详。她是一位知书明理、勤劳贤惠的好妻子，她总是帮助和辅佐丈夫上进，做个有抱负的人。

一天，乐羊子在路捡到一块金饼高兴地拿回家，妻子却没有丝毫的喜悦，反而说："有志之士，不应该拾捡别人丢掉路边的东西，贪图不义之财，是会玷污自己的高尚品行的。"乐羊子听后很是惭愧，就把金饼扔掉了。

妻子常常跟乐羊子说："你是一个七尺男子汉，要多学些有用的知识，将来好做些大事。天天呆在家里是开阔不了眼界，那会有什么出息？"于是乐羊子就按照妻子的话收拾好行李出远门了。妻子虽然也牵挂他在异乡求学的情况，但她把这份惦念埋在心底，只是每天不停地织布活来排遣这份心情，尽全力不让丈夫牵挂自己和家人。可是刚刚过了一年，乐羊子就因为思念妻子回来了。乐羊子的妻子看到久别的丈夫，先是惊喜，后来知道丈夫还没有学有所成，便很难过。她抓起剪刀，快步走到织布机前"咔嚓咔嚓"地把织布机上织了一大半的布都剪断了。乐羊子吃了一惊，问道："你这是做什么呢？"妻子回答说："布是一丝一缕地织出，一寸一寸地积累而成。剪断了就白白地浪费了我曾经织它的时间和精力，它也永远不能恢复如初了。学习知识也是一样的道理，是要一点点地积累才能成功的。你现在半途而废，不愿坚持到底，那不是和我剪断布一样可惜吗？”乐羊子听了这话恍然大悟，意识到自己错了，羞愧不已。他便再次离家去求学，整整过了七年才学成而返。

乐羊子妻奉养婆婆也十分孝顺。后来，家里遭到强盗抢劫，强盗先是劫持了婆婆，并以此要挟欲侮辱乐羊子妻。“只要你答应跟我们走，我们就不伤害你。否则，先杀了你婆婆。”乐羊子妻为了保持贞洁名誉，不甘受辱，拔出刀便自刎了，强盗被震惊了，慌乱之余放了婆婆，仓皇而去。太史知道此事后，捕杀了强盗，并按礼法埋葬了乐羊子妻。

乐羊子妻的远见和深明大义帮助丈夫闯出了一番事业，她以自己的生命挽救了婆婆、证明了自己的气节，这和坚贞不渝的气节是值得后人永远称颂的。

是以行成于内，而名立于后世矣。

【经言札论】

俗话说：“名誉是第二生命。”所以，古人教育人们要立德、立功、爱护名誉，把忠孝大道都推行到极点。我国古代圣贤所讲的名誉，首推德行。德是“明之实”，君子视“无实而名”为可耻的。不像西方所讲的名誉，是纯粹的名誉，所以有名誉的人，不一定有德行；有德行的人，必定有名誉。德是根本，名是果实。

【故事演绎】

王陵救母

秦朝末年，楚汉争霸，中原一带到处战乱不断。两军的将士长年鞍不离马、甲不离身。总共十二次大战，三十三次小战，刘邦每回都输给了项羽。

一天，刘邦坐在大殿上，心里头很是焦急。他传旨令张良上前，说道："三军将士，由于战争失败，吃了不少苦头。现在寡人令你传令三军，他们之中如果有怨恨寡人者，任凭他上殿来砍下我的脑袋，呈献给西楚霸王。"三军将士听到这些话，感动得放声大哭起来。一个个整束好兵甲，在营地里做好战斗的准备。当天夜里临近三更时分，左先锋兵马使兼御史大夫王陵、右先锋兵马使兼御史大夫灌婴两位将军暗中谋划去偷袭楚营。王陵说："偷袭敌营，必须先接受命令才行。"于是，他们夜半时分前来见刘邦。刘邦以为他们要杀自己，心中害怕，便对二将说："你们两位将军半夜密谋，是想砍掉我的头，献给西楚霸王吗？"

二将慌忙跪下，王陵急忙奏道："臣子不敢，臣见陛下因为战事焦急，士兵思战，今夜我二人欲往楚营偷袭，替陛下分忧。"

刘邦闻奏，心中大悦，赐彤弓两张、宝箭百支给二位将军，并一再吩咐道："事了早回，不要让我为将军担心。"

二位将军辞别汉王，直奔楚营而去。不到一天功夫，他们就来到了两军交界处。正逢项羽军中丁腰、雍氏两位将军率兵巡逻边界。王陵、灌婴连忙隐身于草丛之中。不一会儿，楚军便远去了。王陵闪将出来，脱下身上的汗衫，扔在地上作为标志，约定偷营后在此地碰面。

二人偷偷地来到紫离门，探听更号。此时是二更四点，正是偷营的大好时光。却说项羽此刻正在帐中酣睡，顿觉精神恍惚，心神不宁。猛然间惊醒过来，遍体直发冷汗。项羽尊为六十万将士的首领，五花军营中的统帅，此时也不禁有些心惊胆战、头晕目眩之感，忙高声喝道："何人当班？"

季布握刀应答道："季布奉霸王之命在此当班。"

项羽又道："爱卿前去召唤三百名将士前来，为寡人巡视营地去。"季布得令，速领了三百将士，听候霸王差遣。行至中军，三十位将士各执大刀利剑喝问道："来者何人？"

季布答道："是季布，奉霸王命令巡营。"

又问道："季布巡营，可知更号？"

季布答道："有暗号可出示。"

守将命令道："出示暗号！"

更号相合，马门便大开，放他们进去了。王陵、灌婴二人也乘机混入营中，没有一人察觉。季布至各处巡视了一番，见四处静悄悄的，并无动静，也就散却兵马，各自归营休息去。夜深人静，项羽手下的六十万精兵正在酣睡着。王陵、灌婴二人悄悄地从藏身处闪将出来，手起刀落，首先利落地除去了知更官。尔后冲进五花营中，一阵横劈乱砍，将士们从梦中惊醒，一时间都不知发生了什么事，便成刀下之鬼，更有些在酣睡之中糊里糊涂地就丢了性命。

一时间，楚营里尸首横陈，血流成河，楚军死伤无数。待到有人发觉，飞报霸王，王陵、灌婴二将早已趁着一片混乱逃出五花营外。王陵对灌婴说："偷营已成，大事已了，我们要回到汉营却还有个小麻烦。"

原来是左将丁腰，右将雍氏，得了命令，率领着百名骑兵，把持官道，守得严严实实、密密匝匝，泼水难进。

王陵与灌婴如此这般合计了一番，便飞马上路了。临近楚军时，二将冒充楚军将领向丁腰、雍氏两位呵斥道："你们二位，防守不严，使得汉军入境偷袭。来偷营的已被抓住三十四人，还有二人正在逃窜。你们务须速把他们捉住。"

丁腰、雍氏二将慌忙下马磕头谢罪。王陵和灌婴，说时迟，那时快，纵马飞速过了关卡，回到汉军境内，等到楚军回过神来，翻身上马追赶，王陵与灌婴回身射箭，射死多人，大声说："你们不用追了，报告楚王去吧，我们是汉将王陵和灌婴。"

楚军只得回报西楚霸王。

当夜四更，楚霸王身穿金光闪闪的盔甲，坐在牙床上，急诏钟离末前来，令其率领一百名通文墨的将士，速去各营检查，记录死伤者情形。钟离末得令，没过多久，便上殿向西楚霸王回奏道："中刀箭之伤的共有二十万人，其中五万人当即死亡。"

霸王勃然大怒，喝道："这是谁的过失？"

钟离末奏道："左将丁腰、右将雍氏。"

于是传令二将上前，发问道："派你们二位将军守南部边界，怎不严加防守，使得汉将闯入偷袭！"

二将答道："四更时，臣捉拿偷营之人，岂料又被他们以霸王口令为诈蒙骗出了边界去。"

霸王又问道："你们可知偷营之人是谁？"

二将奏道："汉左先锋兵马使兼御史大夫王陵和右先锋兵马使兼御史大夫灌婴。他们临去之时，说道：'今天暂归，明日还来，请霸王记着。'"

霸王大怒，传令把失职的丁腰、雍氏拉出军门，斩为三段。钟离末慌忙奏道："陛下息怒，我可领兵前去捉拿王陵。"

霸王问道："王陵偷营大胜而归，你又如何能去捉拿？"

钟离末奏道："汉将王陵，家在绥州茶城村，我可领兵围住茶城村。若见王陵，活捉王陵；若不见王陵，可捉得王陵的母亲。关在军营之中，严加拷逼，引得王陵前来相救，到时候就可捉到王陵了。"

霸王一听此言有理，便准奏。

于是，钟离末带领三百名将士，人人口衔箭枚，紧勒马口，偷偷地向绥州茶城村奔去。不到一天，便来到茶城村，钟离末带兵把村子围住。王陵的妻子正在田间拔秧苗，见到楚军兵马围住村舍，非常慌张，急忙到堂前告诉陵母。陵母是位有贤德、又聪慧的妇人，她劝慰媳妇道："不必恐慌成这样，这肯定是为我儿王陵偷袭了楚国军营所起。"

一会儿，钟离末执剑率兵至街前，先陈说了王陵偷袭楚营，然后传下霸王的旨意，请陵母亲到楚营走一遭。陵母不慌不忙含笑说："将军莫着急，且听我说。老妇命中只有王陵这一个孩儿，理当留他在家侍奉娘亲。奈何如今天下大乱，他投靠在汉王帐下，为之出谋献策。这回偷袭楚营，也是为替汉王解忧。这一些还不都是因为楚霸王横行无道引起的吗？"

钟离末道："你这个老妇人，怎敢当着我的面骂西楚霸王！"于是喝令左右给陵母套上枷锁，押到楚营。守马门的三十位将士，见了陵母，操起刀捧，先是一阵毒打。霸王闻报，速令人押至帐前，亲自问道："你可愿意修书一封给王陵，让他前来相救？若不然，寡人要令你在此受尽种种苦刑。"

王陵的母亲，是位有贤德的妇人。她高声答道："自从楚汉两国相争，天下百姓为此终日惶惶不安。我只愿汉王早日一统天下，登基称帝。老妇人愿为此在所不惜。"

霸王大怒，转而责怪钟离末道："你去绥州茶城村抓得陵母，现在她非但不愿叫她儿子前来，还在此胡言乱语辱骂寡人。快来人，把她给我拉下去，剃去头发、眉毛，只许穿粗布短衣。罚她给三军将士缝补衣裳。"

王陵母亲面对苍天痛哭道："王陵，我的儿啊！你父亲去世的时候，你还年幼不懂事。阿娘辛辛苦苦把你抚养大，实在指望你有朝一日光宗耀祖。万万没想到，还未等到到你荣归故里，阿娘就要先入黄泉了！"

陵母又转身对楚军将士说道："你们还是趁早归故里侍奉老母吧，否则，终有一天你们的父母也会被你们牵连而受苦刑。"听到这些，楚军将士也不禁为之肝肠寸断，大家私下里议论纷纷，三三五五地在暗中哭泣，想念着家中父母，军心大乱。

汉营这边。一天，汉高皇帝正与谋臣张良商议道："自从前月二十五日夜里，王陵、灌婴偷营后，就没有了楚军的消息。寡人想派人去楚国下战书，谁可担此重任？"

张良奏道："可派卢绾前往。"

刘邦问道："卢绾有什么特殊的才能呢？"

张良道："卢绾这个人，人家问一句他能答十句，问一百句能答一千句，口若悬河，问无不答。"

汉高皇帝便依张良所推荐，派卢绾前往楚国下战书。

卢绾辞别刘邦，不到一天工夫，便到楚汉边界。守关的将士发现来使卢绾，便向楚王报告，霸王闻奏，诏卢绾至帐前。卢绾见了霸王，叩首礼拜，霸王问道："汉王近来安好吗？"

卢绾答道："汉王安好。"

霸王又道："你远道而来，寡人赐酒食与你。"

霸王又令钟离末押陵母至帐前。陵母至帐前，帐中汉使装作不知道，并不高声惊叫。霸王问卢绾："刚才押上前的人，你知道她是谁吗？"

卢绾只当不认识，霸王又道："正是王陵之母。王陵前月偷袭楚营，二十万人受其刀箭之伤，五万人当夜死亡，我听从钟离末的计谋，捉拿得陵母在此。"

卢绾大惊，忙奏道："王陵还不知此事，如果知道了，他必当日夜兼程，赶到楚国，救其老母。"

霸王听后心中大悦，赏给卢绾十斤黄金，又在战书上写上"要战就战，要分就分"的批语。卢绾辞别霸王，跨上良马，真是马似流星，人如闪电，直奔汉营。不到一天，便到汉营。卢绾下马上殿，磕头高呼："万岁，万岁，万万岁！"

然后向汉高皇帝一一奏明诸事。卢绾说道："前月二十五日夜，王陵、灌婴偷袭了楚营。楚霸王听从钟离末的计谋，到绥州茶城村捉拿了陵母。陵母现关押在楚营，受尽苦楚，此事臣不敢不奏。"

刘邦听到后，大为震惊，速诏王陵近前，对他说道："王陵，你的母亲被霸王抓去，现囚在楚营中受苦。你可速去楚国，设法救出老母，不知你意下如何？"

"臣王陵恳求陛下，准许王陵入楚，救出老母，还望卢绾相随。"

两人辞别汉王，不到一天功夫，王陵、卢绾二人便来到两国边界。王陵突觉眼皮乱跳，耳根发热。王陵便对卢绾说道："你先入楚营打探一下。若是我的母亲还在，我和你入楚营救母；若我的母亲已经不在，我们速返汉国，辅助圣主。"

再说陵母见汉使返回楚营，便思忖道："儿子若是来救，必死无疑，老妇亦必死无疑。"

于是，陵母赶忙到霸王面前，表示愿意修书一封让王陵前来相救。霸王一听，大悦道："你如何劝说儿子，让他前来相救？"

"不用别的，只是得借霸王腰间太阿宝剑一用。"

霸王很是诧异："寡人的宝剑能派什么用场呢？"

陵母道："单凭一封书信，儿子恐不会相信。若能借到大王的宝剑，削下老妇一缕头发，封在信中，我儿见了头发，必定会连夜赶至楚营相救。"

霸王听罢，便拔出太阿宝剑给了陵母。陵母得剑，往后退三十多步，便举剑自杀了。

卢绾得知此事，赶忙离开楚营，把这变故告诉王陵。王陵闻此噩耗，肝肠寸断，心如刀绞，对天发誓道："母亲遭此，都是因我而起。若有一天汉国强盛了，我一定要先斩了钟离末。"

卢绾、王陵二人一同回到汉营，拜见汉王，汉王见二人归来，问道："派你们二位到楚国救陵母，有没有救回？"

王陵答道："到边界时，因为臣神情恍惚，神思不安，于是让卢绾先入楚营打探消息。母亲见卢绾前来，知我要前去相救，就先行自刎了。"

皇帝闻奏，大为悲痛，诏张良前来，为陵母设金牌灵位，赐为一国太夫人，又安排三百名将领，四十万士卒，祭奠陵母。

英雄的母亲都是值得人称颂的，比如还有岳飞的母亲、徐庶的母亲等等，他们也都留下了可歌可泣的故事。正是这些故事激励着后来的中华儿女，为了民族大义、为了国家存亡、为了振兴国家前仆后继、英勇仗义，奉献着自己的精力和生命，为中华民族的民族精神增色添彩。

孔繁森忠孝两全

组织上基于工作的需要，1988年选派孔繁森第二次进藏。孔繁森是个大孝子，平时只要是工作不忙，他总会抽出时间与老母亲聊家常，与妻子争着照料母亲。可这时，孔繁森的母亲已经87岁了，生病瘫痪在床，不能自理，妻子、儿女都希望他能留在山东工作。孔繁森心里也十分渴望能留在老母亲身边好照料老人家，但一想到西藏地区更需要党的干部，孔繁森就毅然表示服从组织安排。临走那天，孔繁森默默地走到老母亲床边，看着母亲那头稀疏的白发，沉默了许久才轻声地说："娘，儿又要出远门了，去很远很远的地方去，要翻好几座山，过好多道河。"

"不去不行吗？"年迈的母亲，舍不得他走，拉着他的手不放开。

"不行啊，娘，俺是党的人。"

"那就去吧，公家的事误了不行。多带些衣服和干粮……"

想到这一去可能就再也见不到年迈多病的母亲了，孔繁森抑制不住内心的感情。"自古忠孝难两全，娘，您多保重！"说着，孔繁森跪在地上，给母地磕了个头，挥泪和老母亲告别。

孔繁森来到西藏，担任的是中共阿里地委书记，他立即投入到繁忙的工作之中。每当夜深人静，孔繁森总会想起他远在千里之外的家人。为了党的事业，孔繁森把对亲人的感情深埋于心底，"老吾老以及人之老"，他把藏族同胞当作自己的亲人。

在冬天，有一次，孔繁森冒着刺骨的寒风来到拉萨市一所敬老院看望老人。他拉着老人们的手，问寒问暖。当他走到一位叫琼宗的老人面前时，发现老人脚上穿的鞋子破了。孔繁森弯下腰去，脱下老人脚上的鞋子，发现老人的脚被冻得又红又肿，孔繁森心痛地把老人的脚放在自己的胸膛，用他的体温去焐热老人冻僵的双脚。在场的人无不感动得热泪盈眶。

还有一次，孔繁森在雪花纷飞的野外看到一位藏族老阿妈把外衣脱下，盖住在风雪中哀号的小羊羔，单薄的身子却在摄氏零下20多度的严寒中瑟瑟发抖。孔繁森的眼泪在刹那间涌了上来，他用手捂着脸，猛地转身回到车上脱下自己的一套毛衣、毛裤，把还带着体温的毛衣披在老阿妈身上。老阿妈激动得不知说什么好。孔繁森曾经说过，只要看见藏族的老人，就会想起自己的老人。的确，他与藏族老人不是亲人，却胜似亲人。孔繁森曾在部队医院当过医生，知道些医疗原理，每次下乡，都要带着自己掏钱买的药品，为农牧民治病，探望当地孤寡老人。

一次，一位七十多岁的藏族老人肺病发作，浓痰堵塞喉管，十分危急。

由于没有必要的医疗器械，孔繁森毅然将听诊器的胶管伸进老人嘴里，对着胶管用嘴一口一口地把痰吸出来，老人这才转危为安。他每次都要看看老人屋里的粮食够不够吃，被子暖和不暖和。有好几次他自己掏出钱来，叫身边的工作人员给孤寡老人买来米、食盐、被褥等生活必需品。家里人知道他在西藏生活艰苦，就经常托人捎来干菜以及一些营养品，但他都将这些送给敬老院中的老人，自己却经常过着榨菜泡饭、开水泡馒头的生活。

孔繁森曾经不止一次说他对不起远在千里之外的家里的老人和孩子，对不起自己的妻子、儿女。对他来说，最大的遗憾就是"忠孝不能两全"。但是，他把对父母的敬和爱寄托在了对阿里人的关怀上。正如他所说："一个人爱的最高境界是爱别人，一个共产党员爱的最高境界是爱人民。"他把自己的一腔热血洒在了西藏高原，他的亲人为他自豪，他是人民的孝子，国家的忠臣。

不可不谏诤

——谏诤章第十五

本章题解

谏诤，以直言劝告。

本章是讲明为臣子的，不可不谏诤君亲。君亲有了过失，为臣子的，就应当立即谏诤，以免陷君亲于不义。孔子因曾子之问，特别讲述了谏诤的重要性。一是对于被谏诤的君父及朋友的一种警告，告诉他们若接受谏诤，不但有利于本身的过失有所改正，而且且对于国家的强弱、发展方向、人民的幸福程度都有很大影响。二是对谏诤者的臣子及友人的一种启示，即要事君尽忠，事父尽孝，对朋友尽信义，若见善不劝，见过不规，便会陷君父朋友于不义，做人便大打折扣。

经文释译

　　曾子曰："若夫①慈爱、恭敬、安亲②、扬名，则闻命③矣。敢问子从父之令，可谓孝乎？"子曰："是何言与④！是何言与！"

【注释】

①若夫：发语词。

②安亲：父母亲安心接受儿女的孝养。即《孝治章》所谓"生则亲安之"。

③命：教诲，指示。

④与：语尾助词，表疑问、感叹或反问的意思。

【译文】

　　曾子问道："从前讲的那些慈爱、恭敬、安亲、扬名的教训，我都听懂了。还有一桩事，我是不大明白的，因此大胆地问：为人子的做到不违背父亲的命令，一切听从父亲的命令，是不是可以算为孝子呢？"孔子惊叹地说道："这是什么话呢！这是什么话呢！"

　　昔者，天子有争臣①七人，虽无道，不失其天下；诸侯有争臣五人，虽无道，不失其国②；大夫有争臣三人，虽无道，不失其家③；士有争友，则身不离④于令名⑤；父有争子，则身不陷于不义。

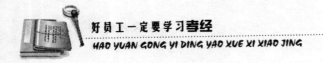
【注释】

①争臣：诤臣，直言劝告的臣子。

②国：此处指诸侯所治邑。

③家：此处指大夫的食邑。

④不离：不失。

⑤令名：美名。令，美好。

【译文】

上古的时候，天子为一国的元首，元首如有善行，则亿兆人民享福，蒙受恩泽；元首如有过失，则全体人民受到祸端。假若有七位敢于直言谏诤的部属，那天子虽然偶有差错，但不会是无道昏君，因有七位贤臣谏诤，时进忠言、勇于匡救，便不会失掉天下。诸侯若有五位谏诤的部属，改正错误、格其非心，即使无道，也不会失掉他的国家。大夫是有家者，如果有三个谏诤的部属，那他虽然偶尔有差误，有这三位部属早晚箴规、陈说利弊，也不会失掉他的家园。为士的，虽是最小的官员，无部下可言，但若有谏诤的几位朋友，对他忠告善导、规过劝善，那他的行为自然能够免于错误，而美好的名誉，就集中在他的身上了。作为父亲的，如果有明礼达义的儿女，常常谏诤、纠正，那他就不会做错事，自然也就不会陷于不义了。

故当不义，则子不可以不争于父，臣不可以不争于君；故当不义，则争之。从父之令，又焉得为孝乎！

【译文】

无论君臣与父子，他们之间的关系都是休戚相关的。所以遇见了不应当做的事，为人子女的，不可不向父亲婉言谏诤；为人部属的，不可不向长官直言谏诤；为臣子的，应当陈明是非利害，明确劝告。父亲若不从，为人子女的，应当婉言几谏，即使触怒被打，也不能怨恨；君王若是不从，为人部属的，还当极力进谏，即使触怒受处罚，也在所不惜。所以，臣子遇见君父不应当做的事情，必须要立即谏诤。彼若为人子的，不管父亲的命令是否合宜，一味地听从，那就陷父亲于不义，怎么还能算他是个孝子呢？

解读运用

子从父之令，可谓孝乎？

【经言札记】

逆子和叛臣经常被人们用在一起，在中国被算作是罪大恶极的两类人。但是父亲和君王也经常有不对的时候，所以不能一概而论，"王无道则伐之"就是说要讨伐昏君，替天行道。那么，父母有过当然不能一味地顺从，如果一味顺从那就是愚孝。

【故事演绎】

不让父亲知道的毛泽东

毛泽东在陕北时曾经把自己童年的一些事情告诉给美国著名记者埃德

加·斯诺，其中讲述了他对父亲的一些反抗。

毛泽东的父亲叫毛顺生，是一个非常严厉的人，脾气有些暴躁。因为没有多少文化，父亲对毛泽东有的时候免不了打骂。

1900年，毛泽东满7岁。毛顺生把儿子从唐家圫接回家，送去念书，当时的私塾老师是邹先生。毛泽东读书很聪明，虽然私塾老先生很严格，经常打学生，比如打手板、打屁股、揪耳朵、罚站、罚跪，但是毛泽东从来没有被打过。

一天上课的时候，邹先生让毛泽东背书，按规矩，背书要站起来。可毛泽东说什么也不站起来，就要坐着背。他说："先生坐着，我也坐着！"邹老先生拿他没办法。

1904年夏天，毛泽东10岁的时候发生了一件事。一天，邹老先生要去吃生日酒，让学生们自己念书。

七八个学生坐在屋里，念着念着就不耐烦了。正是三伏天，热得不行，毛泽东提议到池塘里去洗澡，又凉快，又可以学游泳。大家听了都赞成。

就在几个孩子在池塘里玩得高兴的时候，邹老先生回来看到了。他非常生气，把几个学生叫到了屋里在孔夫子像前罚跪。毛泽东偏偏不跪，说："洗澡是我带的头，要打就打我吧！"

邹老先生气得火冒三丈，举起二指宽的竹篾片就要打，毛泽东转身就跑了。邹老先生一口气跑到了毛家。毛顺生正在和雇工们一起舂米，见邹老生气呼呼地跑来，不知怎么回事。邹老先生喘着气，大声地对毛顺生嚷道："你们家三伢子不得了啦，我教不了了！"毛顺生历来家教很严，一听儿子在私塾不好好学，带头闹事，气得大声说道："这还了得！"他抓起旁边一根楠竹丫子，不管三七二十一，举起楠竹丫子向毛泽东打去抽去。毛泽东一躲，回头又跑了。毛顺生也追上他，急得直跺脚，当着很多人的面把毛泽东骂了一顿，毛泽东受不了就回敬了父亲一下。结果怕爸爸打，毛泽东夺门而出，不敢回家了，转了三天才回家。但是，毛顺生见了面还是要打他，毛泽东一看要挨打就跑，毛顺生就追，毛泽东对父亲说："你先停下来，你再打我就跳下去了，你就没有儿子了。"父亲说："你跳下去你不孝，我们俩都退一步。"毛泽东给

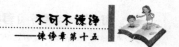

父亲和老师单膝跪下认个错，从此以后父亲就不怎么打毛泽东了。

还有一件事毛泽东故意不让父亲知道，在毛泽东上私塾的时候，母亲经常给毛泽东带些吃的，但是毛泽东每次回到家中以后，还像没吃一样，吃得很多。母亲就问："我帮你带饭了啊。"毛泽东说："我分给同学吃了。"当时他的同学有的家里穷，吃不饱饭，他便把吃的送给同学了。母亲说好，明天你带三份吃的去，但是千万不要告诉你的父亲。

正是由于没有事事顺着父亲，毛泽东培养了自己的反抗精神。他自己也说过，如果反抗还有一丝希望，如果不反抗那么就没有一点机会了。正是因为这样，最后他才领导中国革命走向了成功。

故当不义，则子不可以不争于父，臣不可以不争于君。

【经言札记】

遇见了不应当做的事，做人子女的、为人部属的、为人臣子的，都应当敢于直言，陈明是非利害，明切劝告。其实这也是忠诚和愚忠的不同。

【故事演绎】

和协二母

陈武，三国时庐江松滋（今湖北松滋县）人，字子烈。他与儿子陈修英勇杀敌，一同战死在战场上。朝廷为了悼念他，追封他为乡亭侯。他的另一个儿子陈表，是他与小妾所生，后来也做了督尉。

父亲和哥哥死后，陈表的母亲不愿意与陈修的母亲和睦相处。于是，陈表就劝说母亲说："哥哥本是想成就一番事业，但却战死沙场，所以只能由

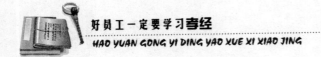

我当家。可是，我心里其实是非常难受的。这一大家子，事务繁多，担子沉重，家庭和睦是很重要的。所以，敬奉哥哥的母亲也是我必须要做的，而且要做好。否则，别人就会说闲话。如果您希望儿子能成大事的话，就和嫡母好好相处吧。如果您做不到那我只好搬出去住了，请恕儿子不孝！"

母亲听后，深受启发，于是主动和陈修的生母言归于好。后来，陈表也为国家立功，被任为偏将军，死后也被追封为乡亭侯。

父母的行为不一定都是正确的，一个人难免会犯错误，作为一个孝顺的子女并不意味着就一定要言听计从。在他们犯糊涂的时候要耐心劝诫，做父母的哪能不希望自己的孩子好呢？只要是委婉真诚地劝诱，每一个父母都是深明大义的。

谏母护兄

王览，字玄通，是《二十四孝》故事中王祥的异母弟弟，名声也仅次于王祥。东汉末年出生，经历东汉、三国和西晋三代，曾入仕曹魏及西晋，在西晋官至光禄大夫。

王览品行优秀，和哥哥感情深厚。他的生母朱氏对他的哥哥王祥非常刻薄，甚至为了怕王祥长大分了家产，总是伺机加害，要致王祥于非命。王览生性善良，同情哥哥，每当母亲鞭打哥哥时，他都要拦着母亲。如果母亲让哥哥去干活，他总是帮着哥哥去干，替哥哥分忧解难。哥哥王祥成家之后，王览的母亲对王祥的妻子也是百般刁难。后来，王览也娶妻成家，并向妻子说明情况。于是，王览的妻子也像王览帮哥哥一样，主动帮助嫂嫂干活。后来，王祥经过努力学习，声名远扬。王览的母亲心生嫉妒，就让人偷偷地给王祥的酒中下毒。王览得知后，总是先端起酒杯去喝喝，母亲怕自己的儿子被毒死，就赶紧夺下酒杯。从此，只要王览的母亲让王祥吃饭菜，王览就先尝一口。这样，母亲就打消了毒死哥哥的念头。

王览对哥哥呵护，赢得了当时人的称赞，也继哥哥做官之后，被征召入仕。其子孙中多人为官，有的还成关了影响朝政的三公之臣，如后来的孙子王导和王敦。

对于父母的过激行为，如果劝说没有效果，就不妨用实际行动去证明你的决心。人心都是肉长的，何况是三养自己的父母呢？总有一天，他们会被你的真诚所打动的！

为佣悟兄

郑均，字仲虞，东汉河北仟县人。年少时喜欢黄老学说，他对朋友很仗义。他的哥哥是县衙里的官吏，经常收受他人的贿略。郑均多次劝阻，但丝毫不起作用。于是，他就离开家到个地去给别人做佣。

一年后，他把挣来的钱带回家全部交给哥哥，并对哥哥说："财物用完了，可以再挣回来。但是，名声失去了，是永远也找不回来的。你做官贪赃枉法，这会被人一辈子都瞧不起的，更要被后世人所唾骂的。哥哥你好好想想我的话有没有道理？"

哥哥听了，很是感动，放弃了以前的不齿行为，重新做人，后来竟然以廉洁著称于世。哥哥去逝世后，关均又悉心照顾嫂子和侄子，不敢有一丝怠慢。人们对他的品行都称赞不已，官府知道后也特召其为官。到建初年间，他还担任了尚书一职。汉章帝非常敬重他，他因病告归后，章帝东巡专门到他家赐他终身享受尚书俸像，当时人称他为"白衣尚书"。

孝不是一味地顺从，孝是建立在走正途的前提上的。哥哥一意孤行，郑均非但没有效法，反而常常良言相劝，最后以自己的行动来打动哥哥，使其醒悟。这种孝心孝行已经完全超越了自我，起到了引导亲人道德取向的作用。让一个人迷途知返本身的可执行性难度就很大，何况是自己的至亲，需要考虑到的因素和顾忌也就更多。故事虽然寥寥数语，但是其内涵的无限性是不可用言语尽表的。

魏征谏诤唐太宗

魏征（580～643），字玄成，唐巨鹿人（今河北邢台市巨鹿县人，又说河北晋州市或河北馆陶市）人，是唐太宗时期有名的诤谏之臣。他们君臣一个是善于纳谏，一个是勇于进谏，君臣相得益彰，在史上留下了一段佳话。

626年，唐太宗因征兵较难，为扩大兵源，决定征召十六岁以上的健壮男子。魏征便屡次进谏，认为这是"失信于民"，他几次抗旨拒绝签署命令。太宗质问魏征为何说他"失信于民"，魏征对说："您即位时下诏宣布，全部免征原来拖欠国家的财赋，但是有关部门还继续催交；您出敕命令，已经服役、已经交纳租调的，从明年开始免除，现在不仅不免除，又要征兵，这不是失信于民是什么？"唐太宗同意了不征不到年龄的兵，说："政令前后不一，百姓不知所从，国家是治理不好的。"

贞观初年，汉州刺史庞相寿贪污被告发，受到追赃撤职处分。他是唐太宗做秦王时的老部下，请求太宗原谅他。太宗认为他贪污是因穷，便赐他一百匹绢，叫他以后不要再贪污，仍让他继续当刺史。魏征知道了上书反对，指出太宗枉法徇私的错误，并说："你过去为秦王时部下很多，他们贪污都得到原谅，那影响不就坏了。"太宗不得不对庞相寿进行惩罚。

唐太宗自己也说过"以铜为镜可以正衣冠，以人为镜可以知得失"。正是因为太宗严于律己，不放纵自己，敢于纳谏，最后才迎来了初唐历史上的鼎盛时期贞观之治，也使得自己成为历史上少有的圣贤明君之一。

孝可感天动地

——感应章第十六

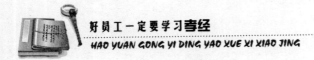

本章题解

　　感应，本指阴阳二气相互感动影响。此指能尽孝悌之道，则至诚可以感通神明，使天下安宁。

　　本章是讲孝悌，不但可以感化人，而且可以感动天地神明。中国古代哲学，取法自然，讲究天人合一，故以天为父，以地为母。人为父母所生，即天地所生，所以说有感即有应，以证明孝悌之道无所不在，无所不通的意思。

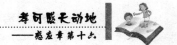

子曰："昔者，明王事父孝，故事天明①；事母孝，故事地察②；长幼顺，故上下治③。天地明察，神明彰④矣。"

【注释】

①事天明：天子祭天，能够知道上天庇护万物的道理。

②事地察：天子祭地，能够察明大地生长万物的道理。

③治：整饬，有条不紊。

④神明彰：彰显神明的意思。是说神明感其至诚，而降福佑，显现功能。彰，彰明，显现。神明显现功能，指阴阳调，风雨时，人无疾疠，天下安宁。

【译文】

孔子说："上古的圣明之君，父天母地。所以，对于天地父母，是要同样地看待。如事父孝，那就是效法太阳的光明。事母孝，那就是效法地的明察。推孝为悌，宗族长幼，都顺于礼，故朝廷上下的大小官员和广大老百姓，都会被感化而能自治。人君如能效法天明，那天时自顺，效法地察，那地道自审，这样一来，神明自然就会彰显护佑了。"

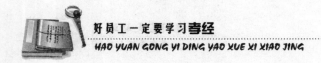

故虽天子，必有尊也，言有父也①；必有先也，言有兄也②。宗庙致敬，不忘亲也；修身慎行，恐辱先③也。宗庙致敬，鬼神著④矣。孝悌之至，通于神明，光⑤于四海，无所不通。

【注释】

①故虽天子，必有尊也，言有父也：所以，虽然是贵为天子，但一定有比他更尊贵的人，那就是父亲。

②必有先也，言有兄也：一定有比他先出生的一个人，那就是兄长。

③辱先：辱没祖先的名誉。辱，羞辱，侮辱。先，祖先。

④鬼神著：祖先的神灵显现，前来享受子孙诚挚的祭祀。著，显现。

⑤光：照耀，这里名词作动词用。

【译文】

所以说天子的地位，算最崇高的了。但是还有比他更高的，那就是父亲。天子是全民的领袖，谁能先于他呢？但是还有比他更先的，那就是兄长。照这样的关系看来，天子不但不能自以为尊，还要尊他的父。不但不自以为先，还要先其兄。因为伯、叔、兄、弟，都是祖先的后代，必能推其爱敬之心，以礼对待。并追及其祖先，设立宗庙祭祀，表达其爱敬之诚，这是孝的推广，不忘亲族之意，对于祖先，也算尽其爱敬之诚。但是自身的行为，稍有差错，就要辱及祖先。所以修持其本身之道德，谨慎其做事之行为，而不敢有一丝怠忽之处，恐怕万一有了差错，就会遗留祖宗亲族之羞。至于本身道德无缺，人格高尚，到了宗庙致敬祖先，那祖先就会高兴地来享用，洋洋乎如在其上，如在其左右。那鬼神之德，于是乎显著多多。圣明之

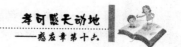

君，以孝感通神明，什么能大过他呢？由以上的道理看来，孝悌之道，如果做到了至极的程度，就可以与天地鬼神相通，天人合一，互为感应。德教自然光显于四境之外，远近幽明，无所不通。照这样的方法治理天下，自然民用和睦，上下无怨了。

《诗》云："自西自东，自南自北，无思不服①。"

【注释】

①无思不服：没有人不服从。见《诗经·大雅·文王有声》篇。

【译文】

《诗经·大雅·文王有声》篇说："天下虽大，四海虽广，但是人的心理是一样的。所以文王的教化，广泽四海，只要受到文王教化的臣民，地域不分东西南北，没有思虑而不心悦诚服的，这样可以证明盛德感化之深无所不通的意思。"

长幼顺，故上下治。天地明察，神明彰矣。

【经言札记】

长孝都顺于礼节，就能够得到神明的庇护。长幼有别，是中国人比较重视的一方面，兄友弟恭也是儒家文化提倡、重视的。

【故事演绎】

随鹿得人参

阮孝绪，字士宗，南朝梁陈留尉氏（今河南省）人，目录学家。长年隐居，不去做官，写成目录学著作《七录》。他从小时候起，就非常喜欢学习，熟读并精通《五经》。

阮孝绪小时候曾经过继给他的堂伯父做儿子，照理来说，他可以得到伯父遗留下来的百万家产，可是他把继承来的这些家产全部给了伯父的姐姐。

他还十分孝顺。有一次，他在钟山听人讲经说法，母亲王氏在家里，忽然生了病，兄弟们就要去把他叫回来。他母亲说："不必去叫他，孝绪有孝心，心里会有感应的，他一定会自己回来！"果不然，阮孝绪觉得心惊肉跳，想到可能是母亲有病，果真不久就回到了家里。邻居和村里的人都觉得非常奇异。医生说，他母亲的病必须用一味新鲜人参。阮孝绪听老一辈人说，钟山上出产这种人参。于是，他就亲自到山里去寻找，可踏遍了幽僻和危险的地方，都没有找到人参。

数天后，他忽然发现了一只鹿，他就跟着走那只鹿。不久那只鹿不见了，前面则出现了母亲需要的新鲜人参。他母亲的病，用了人参后不久，也就痊愈了。

所谓"母子连心"，如果你真的牵挂一个人，冥冥之中就会有一种力量将两人连在一起。这种奇妙的心理现象是无法解释的。然而那种无形的力量有时却可以感动天地，产生奇迹，这就是孝产生的威力！

神泉洗目

杨晪，元朝扶风（今陕西省扶风县）人，是一位生性至孝的大孝子。他的母亲牛氏得了重病，很难医治。杨晪没有任何办法只得向老天祈求保佑，他每天焚香膜拜，祈求母亲的病能够早日康复。可能是他的孝心感动了上天，母亲的病竟然真的奇迹般地好了。可是，好景不长，母亲又双目失明，行动十分痛苦。杨晪看在眼里，急在心中，遍寻神医，可是于事无补。一次，他不经意间听说只有太白山的神泉水能治眼疾，就二话不说地启程去往太白山。他历尽千辛万苦，终于登上了太白山，找到了神泉，并取回神泉水。每天都亲自为母亲擦洗双眼，从不间断。终于皇天不负有心人，母亲的视力恢复正常了。

后来母亲去世了，那时家乡正天降大雨，许多地方都被淹没了，可是唯独杨晪母亲的墓地前后数里范围内只有乌云笼罩却不降雨。人们对此感到很惊奇，认为这是杨晪用孝心打动了天地，他用孝心守护着母亲。

虽然故事带有某种虚构的神话色彩，在现实生活中很难找到确凿的证据，但是不可否认的是，孝心是一股无比强大的力量，它可以治愈父母的疾病。我们无需感动上天，只要在现实生活中的每一个平凡的日子里，用自己真诚的心去无私地孝敬父母就足够了。

雪天得瓜

王荐，元代福建福宁人。他的父亲体弱多病，而且病得严重，王荐每天晚上都向上天祈祷，期望父亲早点好起来，并且许愿，宁愿减少自己的寿命，以延续父亲的生命。

父亲在病入膏肓时突然醒过来，告诉朋友说："在我生命最危险的时候，来了一位穿着黄衣服、手拿红帕子的神仙，告诉我：'你的儿子非常孝顺，所以上天赐你再活十二年。'"此后，父亲的身体恢复了健康。十二年后，父亲果然就去世了。

后来，王荐的母亲得了一种奇怪的病，口干舌燥，非常想吃西瓜。当时正值严冬，大雪纷飞，根本没有瓜可吃。王荐想办法，求助乡亲也是毫无结果。他便一人来到深山野岭，在树下避雪的时候，想到母亲吃不到瓜病就不能好，心里非常难受，就仰天长叹，痛哭不已。忽然，他看到对面的岩石之间冒出了几根青色的枝蔓，上面结着两个西瓜。他非常高兴地拿回家供母亲食用。母亲吃后，病很快好了。

对于我们来说，感动天地是只有在故事里才会出现的美好幻想，而感动父母是现实迫切的需要，其实，父母对子女在物质方面要求不多。他们不仅不希望为子女增添物质上的负担，有时反而想方设法资助子女，对子女的"索取"无非是一种心灵上的慰藉，一种精种上的归属，只要子女心里惦记着他们，时常去看看他们，甚至报一声平安，偶尔一个拥抱，他们就满足了。

孝悌之至，通于神明，光于四海，无所不通。

【经言札记】

这句话说明孝悌能感天地、泣鬼神；孝悌之至，远近幽明，无所不通。引诗作证，以证明人同此心，心同此理，天下之大，没有不通的意思。

【故事演绎】

蔡顺孝义感天地

蔡顺字君长，汝南平举人。在他早年，父亲就过世了。他用幼小的肩膀独撑着家，奉养着老母。王莽末年，天下闹饥荒。蔡顺到桑田摘桑葚，把稍带点红色的和红得发黑的分开放在两个器具里。

有一队赤眉军经过这里，见到蔡顺的举动，觉得有些奇怪，便去问他。蔡顺回答道："黑色的是给母亲吃的，红色的我自己吃。"赤眉军知道他是个孝子，便没有杀他。还给了他三升米，一对牛蹄，让他孝敬他的母亲。

有一次，蔡顺的母亲到亲家家里去做客，因为喝酒喝得太多，把吃进去的东西吐出来了，走路也摇摇晃晃。蔡顺怕母亲中了毒，亲口尝了尝母亲吐出来的东西，确信没有毒后，这才放心。

后来母亲死了，他把灵柩停在堂屋。东边邻居家着火了，他们的屋子和蔡顺的相连着。眼看着火蔓延过来，蔡顺孤身一人又移不动棺材，他急得伏在棺材上大哭。

说来奇怪，那火好像是长了眼睛似的，居然越过他家直接烧向西邻去了。不一会儿，东邻西邻的房子都烧为平地，就只有蔡顺家的房子还完好无损。

蔡顺的母亲活着的时候很怕雷声。她死了之后，每到打雷下雨时，蔡顺便绕着坟墓大哭。嘴里一遍遍地说着 "娘，顺儿在这里，您不要怕。"

太守韩崇听到这件事，非常感动，以后如果天空打雷，便给蔡顺备上车马，让他前往墓地。后来韩崇让蔡顺做了南阁祭酒。

孝顺不是一个人的天性，但是却能够让人们感动，甚至于发生一些感天动地的事情来。孝所凝聚的人心背向是不言而喻的，一个孝顺父母的人是值得尊敬的。

割肉救母

在清朝乾隆年间，何钟贞年幼时，家里的境况原本不错。但不知道什么原因家道中落，父亲也早逝了。母亲一边照顾家里的幼子，一边要种地卖粮维持家里的生计。多年来积劳成疾，在何钟贞成年后，母亲就卧病榻上了。这对本就不富裕的一家来说，更是雪上加霜。由于没钱，母亲的病只能一直拖着，这一拖就好几年，病痛把母亲折磨得不成人形。何钟贞知道，母亲的

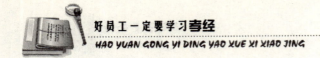

病完全是劳累所致，眼看着母亲越来越瘦，越来越虚弱，何钟贞很愁苦，但也没可奈何。

一天，病入膏肓的母亲闻到隔壁邻居做菜时飘来的肉香味，已经好几年没吃过肉的母亲不由自主地念叨："我真想吃些肉啊。"恰巧这一幕被刚刚务农回家的何钟贞看见了，内心酸涩不已。晚间，何钟贞做菜时，眼前又浮现母亲那凄苦的神情，想到母亲辛苦操劳的一生，眼泪不由掉下。想想自己七尺男儿，却连母亲最基本的温饱食欲都不能满足，内心非常自责。

不久后一天，母亲拉过何钟贞说道："儿啊，是母亲拖累了你，母亲这病是治不好了，与其在这拖累你，不如让母亲死了算了。"

说完，母子两人掩不住内心伤感，抱头痛哭。这一番话，更加坚定了何忠贞满足母亲愿望的决心。为防止母亲发现，第二天，何钟贞早早起了床，带上准备好的刀子、止血用的草药以及汗帕，光着双脚离家，爬上山坡，来到一块大石旁边。他取出刀子，嘴里含着汗帕，在手臂上狠狠地割下一大块肉，热汗流下来，剧烈的疼痛已让他什么都感觉不到。草草地止住血，他便提着肉回家了。

到家后，何钟贞忍着痛，将肉烹煮了给母亲吃，并对母亲撒谎是自己摘了玉米从街上去换回的猪肉。也许是孝心感动了上天，吃完肉后没多久，母亲的病竟然痊愈了。何钟贞"割肉救母"的事迹也在当地传为佳话。为纪念何忠贞，衣锦还乡的堂弟便为堂哥立了一座孝子碑。

割肉救母的孝行，感动了一个儿子拳拳之心，激励更多的儿孙对自己的亲人更加孝顺。

为人民服务

——事君章第十七

本章题解

本章是说明忠于事君的道理。为人子女的，始于事亲，是孝的小部分；忠于事君，就是竭尽所能为国家办事，为全民服务，这是孝的大部分。

经文释译

> 子曰："君子之事上也，进①思尽忠，退②思补过，将顺其美，匡救其恶③，故上下能相亲也。

【注释】

①进：进见于君。指在朝中为官。

②退：隐退而呆在家。

③将顺其美，匡救其恶：国君有美意善事，则就要顺而承之，唯恐不及；君有未善之处，则纠正补救进而使其成为完善，唯恐彰著。匡，纠正。

【译文】

孔子说："凡是德高望重的君子，他事奉长官，有特别的优点。进前见君，他就知无不言，言无不尽，计划方略，全盘贡献，必思虑以尽其忠诚之心。既见而退了下来，他就检讨他的工作，是否有没有尽到责任？他的言行，是否有过失？必殚思竭虑地来弥补他的过错。至于长官，有了美好的德行和善事，在事前就鼓励奖助；事情进行时，就悦意服从。如果长官有了未善之处，在事前预为匡正；既成事实，就想办法补救。总之为部属的事奉长官，以能陈善闭邪，防患未然，乃为上策。若用犯颜谏诤，尽命守死为忠，不若防微杜渐于未然之为有益。为人属下的，如能照这样做，长官自然洞察忠诚，以义待下，所谓君臣同德，上下一气，犹如元首和四肢百骸一体，君享其安乐，臣获得尊荣，上下便自能相亲相爱了。

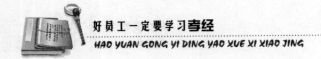
《诗》云："心乎爱矣①，遐不谓矣，中心藏之，何日忘之？"

【注释】

①心乎爱矣，遐不谓矣。中心藏之，何日忘之：引自《诗经·小雅·隰桑》篇。内心敬爱他，何不告诉他；心里永远记着敬爱君王的真诚，哪有一天会忘记呢？遐不，何不。谓，告诉。

【译文】

《诗经·小雅·隰桑》篇说："只要为臣的一心爱君，虽地处边陲，还能说不远。由于他的爱发自心中，爱藏于中，故没有一天遗忘，虽远亦常在念。"

解读运用

心乎爱矣，遐不谓矣。中心藏之，何日忘之？

【经言札记】

作为臣子的尽管远处异地，但事君尽忠一刻都不曾忘怀。君臣到了这种程度，可谓同心同德，上下一心，社会还能治理不好吗？国家还能不太平吗？孝亲到了事君的阶段，这正是青年有为之时。青年人如果能按照孔子所提出的方法去实行，那么，不但爱敬之心尽于父母，而且治国平天下的责任，都能够担在身上了。

【故事演绎】

花木兰代父从军

北魏末年，柔然、契丹等少数民族日渐强大，他们经常侵扰中原地区，抢劫财物。北魏为了对付他们，常常大量征兵，加强北部边境的驻防。

花木兰，商丘（今河南商丘县南）人，从小跟随父亲读书写字，平日里料理家务。她还非常喜欢骑马射箭，从小练得一身好武艺。有一天，衙门里的差役发下来了征兵的通知，木兰父亲的名字在被征的行列。但父亲年纪大了，又怎么能参军打仗呢？木兰没有哥哥，弟弟又太小，她很不忍心让年老的父亲去战场受苦，于是决定女扮男装，代父从军。

木兰随着队伍，到了北方边境。她担心自己女扮男装的秘密被战士们发现，故此处处加倍小心。白天行军，木兰紧紧地跟上队伍，从没有掉队过，夜晚宿营，她衣不解甲，作战的时候，她凭着一身好武艺，总是冲锋陷阵。从军十二年，木兰屡建奇功，战友们对她十分敬佩，赞扬她是个勇敢的好男儿。

战争结束了，木兰军功卓著，皇帝召见有功的将士，论功行赏。但木兰不想做官，也不想要财物，她只希望得到一匹快马，好让她立刻回家，侍奉爹娘。皇帝欣然答应，并派使者护送木兰回去。

木兰的父母听说木兰回来，非常欢喜，立刻赶到城郊外去迎接。弟弟在家里也杀猪宰羊，以慰劳为国立功的姐姐。木兰回家后，脱下战袍，换上女装，梳好头发，出来向护送她回家的同伴们道谢。同伴们见木兰原是女儿身，都万分惊奇，没想到共同战斗十二年的战友竟然是一位漂亮的女子。

这段感人的代父从军故事很快就传开了，都佩服木兰的勇敢和有一颗炙热的孝女之心。

刘伯承为母分忧

刘伯承（1892～1986），中华人民共和国元帅，现代军事家，中国人民解放军创始人和领导人之一。

小时候刘伯承家境贫寒，由于过度劳累和生活的贫困折磨，父亲身患肺病，过早地离开了人世。为了给父亲买口棺材，刘伯承借了四十吊钱的高利贷，这样使本来就十分贫困的家境又雪上加霜。

父亲去世以后，年仅15岁的刘伯承就和母亲一起承担起全家7口人的生活重担，并且成为了全家的主事人。他事事为母分忧，自己能做的事情从来不会让母亲去做，家里的大事小事、里里外外全靠他去张罗。

虽然一家人勉强度日，但刘伯承把家人生活安排得有条有序，家人也和气安乐。他每天天刚放亮起床，日落之后才回家，精心地侍弄家里的那几亩薄田。虽然每天起五更爬半夜地出力流汗，付出超常的劳动，却终因土地贫瘠，一年下来也就只收四五担毛谷，除了还债剩下的就没有多少了。家人时常只能靠吃糠咽菜勉强度日。母亲为此长吁短叹，刘伯承就经常安慰母亲说："我们家里虽然现在很困难，但只要勤奋，就会生活越来越好。"母亲说："这谈何容易啊，我是心疼你呀孩子。你看你这么小，家里的担子都压在你的身上，母亲心里不好受啊！"伯承笑呵呵地说："母亲您放心吧，您别看我年纪小，可我身子骨从小锻炼得结结实实，有使不完的劲。"母亲知道这是儿子在为自己树立生活信心，多么懂事的孩子。母亲寻思怎么也不能把他拖累在家里，这样就更对不起他死去的父亲了。于是，她就对伯承说："你父亲常讲，好男儿志在四方，你不要一辈子待在这里忙活了，应当到外边的世界去闯一闯。若要想干出点名堂来，千万不能把读书放下，没有文化到什么地方也吃不开。"伯承听了母亲的话，心里很感动，家里的生活如此困难，母亲也不让我长久地留在家里，减轻她的负担，而是督促自己多学习知识，到外边去发展，母亲是多么伟大啊。在刘伯承的心目中对母亲的爱和

孝更深了。

打这以后，他劳动更积极了，每天除了种好家里的几亩田外，还见缝插针到有钱的人家里打短工，挣几个铜板或为家里换几升米回来，这样也就能改善一下伙食。可一到农闲时，他就特别着急，因为这个时候，谁家也不雇短工，他就把眼光投到别的地方，寻找挣钱的门路。当他听说御河沟煤厂用人挑煤时，他心里非常高兴，回家就与母亲说，可母亲说什么也不同意："孩子呀，你不要去干那个活。御河煤厂离咱家二十多里路，这一去一回就得五十里路，还要挑一天的煤。你受得了吗？压伤了身体可是一辈子的事。"伯承一听母亲不同意，知道是为自己好，可好不容易有这么一个挣钱的机会，放过的话就少了个机会，家人的生活改善就会更难。于是，他向母亲表态自己会多加注意的。母亲无奈，只好答应了他的要求。

刘伯承为了多挑几趟，天还没怎么亮就起床，可晚上一回到家里，肩膀就磨破了一层皮，疼得钻心，两条腿就如同灌了铅，每走一步都很费劲，腰酸背疼简直难以忍受，可他怕母亲看见难过，总是装着一身轻松的样子。

1911年，当辛亥革命的风暴席卷神州大地之际，立志拯救民于水火的刘伯承，毅然选择了从军之路。从军没多久就考入重庆蜀军政府开办的将校学堂，在短短的10个月中，他学习了近代军事科学，熟读《孙子兵法》《吴子兵法》等古代兵书。1912年底毕业后先后任司务长、排长、连长，后一直过着军旅生活，致力于民族解放事业。在1921年驻防奉节时，为了孝敬母亲，他还把母亲和妻子从开县老家接到奉节同住一段时间……

刘伯承对母亲的深厚感情不言而喻。正是因为在家的时候孝顺父母，分担家务为母解愁，后来，刘伯承成为军事将领、国家官员的时候，他也一心为国家、为人民竭尽所能地付出一切。

君子之事上也，进思尽忠，退思补过，将顺其美，匡救

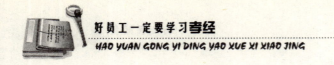

其恶，故上下舣相亲也。

【经言札论】

事奉长官，进见君主，知无不言，言无不尽，思虑以尽其忠诚之心。退下来后，就审视自己的职责，是否有未尽到的责任？言行是否有了过失？长官也就会做到亲善下属。这也是儒家理学对孝的另外一种解释，正所谓居庙堂之高则忧其民，处江湖之远则忧其君。

【故事演绎】

望云思亲

狄仁杰，字怀英。唐朝太原人，武则天时期的宰相。他为官刚正廉明，执法不阿，兢兢业业。他曾在一年中处理了大量的积压案件，案件中涉及到一万七千人。狄仁杰当时名声大振，成为朝野推崇备至的断案如神、摘奸除恶的大法官。

武则天非常赏识他的才干与人品，两次任命他为宰相，成为辅佐武则天掌握国家大权的左右手。他的形象不仅在政治舞台上被树为楷模，在家庭生活中，他更是一位孝子。他的一个同僚奉诏出使边疆之际，而此时母亲得了重病，如果这时候他离开的话，就无法再侍候母亲。因此，同僚的心中非常痛苦。狄仁杰知道他的痛苦心情之后，特此奏请皇上改派别人。

有一天，他出外巡视，途中经过太行山，望着天上的白云，不由得思念起家乡的父母来。他对随从说："我的亲人就住在那白云之下。"说着，他伤感的眼泪流了出来。直到天上的白云散去，他才离去。

自古忠孝难两全。然而对于中国人来说，"忠"往往是"孝"的一种升华。舍小家为大家，这无疑是一种高尚的情操。

父忠子孝

王纲，字性常，明朝余姚（今浙江余姚）人。他文武全才，擅长鉴别和占卜。和宰相刘伯温关系很好，刘伯温把他举荐给朱元璋。他70岁的时候，牙齿还没掉，面色如少年。于是，被朱元璋任命为兵部郎中。

有一次，广东潮州少数民族造反起义，朝廷任命王纲为广东参议，去平乱安民。他带着儿子彦达一同前往。平定潮州之乱后的返程途中，遇到海寇曹真，曹真先请王纲当他的统帅。王纲拒绝，反劝曹真归顺朝廷。曹真不听，王纲就怒骂不休。多次劝说无效，曹真就把王纲杀了。王纲死后，只剩下16岁的彦达。彦达也大骂海盗并求死。当海盗的刀正要砍向他时，曹真感慨道："父忠子孝，杀了不祥。"于是，彦达待以用羊皮包着王纲的尸体回了家。

忠君之人未必会从统治者那里得到他应有的待遇，然而至少他无愧于自己的良心。他永远都会为自己的这种行为自豪，同时也永远会得到百姓真心的敬爱！

抱痛染衣

陶季直，南北朝时期丹阳秣陵（今江苏省）人，祖父是广州刺史陶愍祖。父亲是中散大夫陶景仁。陶季直小时候就很聪明，祖父非常喜欢他。

有一天，祖父把一些银子放在桌子上，让孙子们各享一份。大家都拿了，唯独陶季直没有动。祖父问他为什么不拿，他说："祖父赏赐东西，应该先给父亲和伯伯，轮不到我们做孙子的，所以，我不能拿。"祖父听后，简直不敢相信这是一个小孩说的话。一年后，陶季直的母亲去世了。小季直十分地伤心。母亲生前，曾在外面染有衣物，母亲去世后，家人想办法把这些衣物拿了回来。小季直整天抱着这些衣物痛哭流涕，让周围的人听了都跟着伤感。长大后，他努力读书。先后做过县令、太守和太中大夫。他两袖清风、为百姓谋福利，去世时家里什么财物都没有，空空如也。

陶季直以事母之心事君，自然会毫无偏私，两袖清风，一心为民。这就是他对"孝"的最佳诠释。

朱德对母亲的报答——尽忠于人民

朱德（1886~1976），字玉阶，原名朱代珍，曾用名朱建德，中国共产党、中国人民解放军和中华人民共和国的主要缔造者与领导人之一。中华人民共和国十大元帅之首。中国近现代史上唯一同时指挥过国、共军队的军事统帅。

朱德的母亲生朱德的前一天还在田地里干活，他的母亲是一位勤劳的农村妇女，沉重的家务累弯了她的腰。朱德看在眼里，疼在心上。于是，他经常在母亲身边帮忙，当他八九岁时，朱德上私塾了，但是他还是一有时间就去为母亲分担劳动。每次上学回来，看到母亲忙得满脸是汗，他把书包一放，就去挑水或者放牛去了。农忙的时候，朱德就半天读书，半天在家干活。再忙的时候，他就全天在家干活，母亲手把手教他做各种农活。他为了减轻母亲的负担，每天天不亮就去很远的地方挑水。

朱德从军后，在驻军泸州时，曾接其母到旅部长住。1949年后中国革命胜利后，又叫母亲去北京生活，但母亲感到乡村生活舒服自在，不愿意去。

朱德母亲也很疼爱朱德，朱德对母亲的影响也最深。后来，当了总司令的朱德还专门写了一篇怀念母亲、感激母亲的文章《回忆我的母亲》。

朱德对母亲的孝，和母亲对朱德的影响，能够从朱德的《回忆我的母亲》中看出来。

慎终追远

——丧亲章第十八

本章题解

  本章是讲孔子对曾子专讲慎终追远之事。言父母在世之日，孝子应当尽其爱敬之心，父母可以亲眼看见，直接享受。一旦父母去世了，作为儿女的，就再也没有办法对父母尽孝了。失去了世间至亲至敬的人的那种心情，是何等哀痛呢？孔子特为世人指出慎终追远的大道，传授曾子，教化世人，让人们有榜样可以学习。是对古礼的一个宣讲，也是为了加强对孝道的推崇。

经文释译

> 子曰：“孝子之丧亲也，哭不偯①，礼无容②，言不文③，服美不安④，闻乐不乐，食旨⑤不甘，此哀戚之情也。”

【注释】

①哭不偯：哭得声音拉得很长，气竭而尽而不再有委曲婉转的声音。偯，痛哭时发出婉转拉长的声音。

②容：保持端正的容貌。

③文：文饰，修饰。

④服美不安：穿着美观的服饰，心里感到不安。

⑤旨：美味。

【译文】

孔子说：“一个善于孝顺奉养父母的儿女，一旦丧失了父母，那他的哀痛之情，将无以复加。会哭得气竭力衰，不再有委曲婉转的余音。对于礼节，也无暇讲究，仪容也没有平时那样整齐。讲话的时候，也不会像平时那样文雅。人到了这种情形之下，就是有很讲究的衣服，也会不安心穿了；听见很好的音乐，也不觉得快乐了；吃了美味的食物，也不觉得香甜了。这样的言行动作，都是因哀戚的关系，神不自主。耳目的娱乐，口体的奉养，自然没有快乐于心的意思。这就是孝顺的子女哀戚的真情流露。

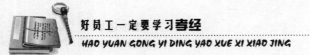
三日而食①，教民无以死伤生②。毁不灭性③，此圣人之政④也。丧不过三年⑤，示民有终也。

【注释】

①三日而食：父母去世，孝子会三日不食，三日过后，才进食。

②无以死伤生：不要因亲人之死而伤害到活着的人。

③毁不灭性：因哀痛而身体瘦削，但没有危及生命。毁，哀毁。

④政：法则。指的是圣人制礼施教的法则。

⑤丧不过三年，示民有终也：丧期不超过三年，人们表示哀伤总要有终结的期限。

【译文】

不要因哀哭死者，有伤自己的生命。哀戚之情，本发于天性，假如哀戚过度，就毁伤了身体。但是不能有伤生命，灭绝天性，这便就是圣人的政治。守丧不过三年之礼，这就是教民行孝，有一个终了的期限。

为之棺、椁、衣、衾而举之①；陈其簠、簋而哀戚之②；擗踊③哭泣，哀以送④之；卜其宅兆，而安措之⑤；为之宗庙，以鬼享之⑥；春秋祭祀，以时思之。

【注释】

①为之棺、椁、衣、衾而举之：准备棺、椁、衣、衾，举行敛礼。古代的棺木有两重，盛放尸体的叫棺，套在棺外的叫椁。衾，死人盖的被子。举之，举行敛礼。敛礼分小敛和大敛，为死者穿着衣服称小敛，把尸体放入棺内，称大敛。

②陈其簠、簋而哀戚之：陈列簠、簋等礼器而悲伤忧痛。簋，古代祭祀宴享时盛黍稷的器皿，用竹木或铜制成。大抵簠多为方形，簋多为圆形。

③擗踊：捶胸顿脚。古丧礼中，表示极度悲痛的一个动作。擗，捶胸。踊，跳跃。

④送：送殡，送葬。

⑤卜其宅兆而安措之：占卜墓地，安葬灵柩。卜，占卜。宅兆，坟墓的四周区域。

⑥为之宗庙，以鬼享之：营建宗庙，以祭祀之礼，请来鬼神来享用。

【译文】

当父母去世之日，必须谨慎地把他们的衣服给他们穿好，被褥垫好，内棺整妥，外椁套妥，收殓起来。殓礼过后，在灵堂前边，陈设方圆祭器，供献祭品。早晚哀戚以尽孝思。送殡出葬之时，先行祖饯，似乎不忍亲离去。女子拊心痛哭，男子顿足而号啕大哭，哀痛迫切地来送殡。至于安葬的墓穴，必须选择一个妥善的地方，幽静的环境。占卜一下坟地风水的好坏安葬之，以表儿女爱敬的诚意。既安葬以后，依其法律制度，建立家庙或宗祠。三年丧毕，移亲灵于宗庙，使亲灵有享祭的地方，以祀鬼神之礼祀之。春季秋季都要祭祀，因时以思慕之。以示不敢忘亲的意思，慎终追远之礼，孝敬哀戚之义，就算是全备了。

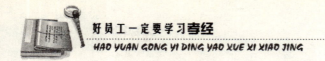
生事爱敬，死事哀戚，生民①之本尽矣，死生之义备矣，孝子之事亲终矣②。

【注释】

①生民：人民。
②孝子之事亲终矣：孝子侍奉父母的义务到此结束了。

【译文】

父母在世之日，要尽其爱敬之心，父母去世以后，要事以哀戚的礼节。这样人生的根本大事，就算做完毕了；养生送死的礼仪，也算完善了；孝子事亲之道，也就完成了。

孝子之丧亲也，哭不偯，礼无容，言不文，服美不安，闻乐不乐，食旨不甘，此哀戚之情也。

【经言札记】

孝子生尽爱敬，死尽哀戚，生死始终，无所不尽其极。照这样的方式孝顺双亲，可算在一定程度上报答了父母的抚育之恩。但是孝子报恩在心理

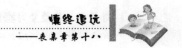

上，仍是永无尽期的。

【故事演绎】

毛泽东的《祭母文》

《祭母文》是毛泽东为母亲所做。听到母亲病危的消息后，远在外地求学的毛泽东从长沙日夜兼程赶了回来，直奔家乡韶山。可是，等他赶到家中母亲已经去世，披麻戴孝的大弟弟毛泽民一把拉住毛泽东，哽咽地诉说了母亲在临终前的情景。毛泽民说，母亲在临终前一直在呼唤着他们兄弟的名字……

毛泽东此时心如刀割，母亲对自己的抚育、母亲的教导与母亲勤劳善良的形象在自己的眼前浮现。他抚摸着母亲的棺木放声恸哭，悲痛之中挥笔写下《祭母文》和两首挽留。

呜呼吾母，遽然而死。寿五十三，生有七子。七子余三，即东民覃。其他不育，二女三男。育吾兄弟，艰辛备历。摧折作磨，因此遭疾。中间万万，皆伤心史。不忍卒书，待徐温吐。今则欲言，只有两端。一则盛德，一则恨偏。吾母高风，首推博爱。远近亲疏，一皆覆载。恺恻慈祥，感动庶汇。爱力所及，原本真诚。不作诳言，不存欺心。整饬成性，一丝不诡。手泽所经，皆有条理。头脑精密，劈理分情。事无遗算，物无遁形。洁净之风，传遍戚里。不染一尘，身心表里。五德荦荦，乃其大端。合其人格，如在上焉。恨偏所在，三纲之末。有志未伸，有求不获。精神痛苦，以此为卓。天乎人欤，倾地一角。次则儿辈，育之成行。如果未熟，介在青黄。病时揽手，酸心结肠。但呼儿辈，各务为良。又次所怀，好亲至爱。或属素思，或多劳瘁。大小亲疏，均待报赍。总兹所述，盛德所辉。比秉悃忱，则效不违。至于所恨，必补遗缺。念兹再兹，此心不越。养育深恩，春晖朝霭。报之何时，精禽大海。呜呼吾母，母终未死。躯壳虽朽，灵则万古。有

生一日，皆报恩时。有生一日，皆伴亲时。今也言长，时则苦短。惟挈大端，置其粗浅。此时家莫，尽此一觞。后有言陈，与日俱长。

尚飨。

毛泽东在写了这篇包含深情的《祭母文》后，又洒泪写下了两副表达内心痛苦和无限思念情怀的挽联。

其一：

疾革尚呼儿，无限关怀，万端遗恨皆须补；
长生新学佛，不能住世，一掬慈容何处寻！

其二：

春风南岸留晖远，秋雨韶山洒泪多。

这些充分地表达了毛泽东对母亲的无限怀念之情，赞扬了母亲勤劳善良善良，性情温和，慷慨厚道的高尚品德。

这些也说明了，毛泽东骨子里所秉承的中华民族孝敬老人的传统美德，还有对老人慎终追远的古礼，都是发自于人的至性至情，正是因为平时对母亲之恩感受特深，等到父母临难，缅怀之情便会油然而生。

31年床前有孝子

山东省淄博市淄川区罗村镇陈家村家庭妇女张世英，在病床上躺了30多年，从儿子、儿媳到孙子、孙女，直到重孙女，一家人都一直没有嫌弃她，而是轮流为她嚼食喂饭，代代相传。她总是用含糊不清的语言向前来问候他儿女孝顺不孝顺的人们说："俺儿子、媳妇们为俺可操碎了心，吃够了苦。没有他们的照顾，俺的老命早就不知搁哪儿去了。"

60年代初以来，不幸接连降到张世英家中，儿子陈思浩12岁那年，张世英的丈夫染病去世，撇下他的老母亲和他的女儿：一个7岁，另一个还在襁褓中。

懂事的儿子陈思浩辍学回家，承村里照顾，他母亲在菜园里干活，工作不算累，但挣的工分多。1965年6月的一天，正在菜园干活的张世英突然感到浑身没劲，直想呕吐，经村医生检查是劳累过度，加上感冒发烧，遂打上一瓶吊针，但是吊针还没打到一半，她突然发起高烧！经过两次转院治疗，持续高烧三天三夜，而病因却不能查明。从此，张世英瘫痪了，再也没有好起来过。这一年，陈思浩只有16岁。本来就不宽裕的家庭又因看病背上了沉重的债务，他家成为村里的特困户。镇上照顾他到镇办煤井上干活，挣钱养家。每当想到这里，陈思浩就非常感动，他说："关键时候，是党和政府对我伸出了解救的手。"逢年过节，村里还专门送来布、面、肉等进行慰问，使他的家人能够吃上饭，穿上衣。

张世英瘫痪后，咀嚼无力，只有将煎饼、馒头等泡软后，才能食用。到了1970年，她的牙齿全部脱落后，只能靠别人嚼食，一口一口地喂，一喂就是26年。

1967年，经别人介绍，本镇瓦村的姑娘常玉英认识了陈思浩。面对瘫痪在床的张世英和两位年小的妹妹，常玉英也有过忧虑，她的姊妹们也劝她慎重考虑。常玉英几次登门接触，感到陈思浩忠诚老实，她在母亲的全力支持下，于第二年腊月与陈思浩结婚，而她却没有得到任何嫁妆。

常玉英过门后，家中仅有一个吃饭的碗，屋里没有一点值钱的东西。她没有后悔，当天就接过了伺候婆婆的重担。开始分挑生活的重担，常玉英过门第二天就下地干活。那时家里穷，她就把仅存的一点面分顿给婆婆做着吃，而她自己却只喝点汤充饥。后来，他们相继有了一儿两女，日子就更加艰难了。她常常把孩子送到一里外的娘家代管，自己下地干活。年复一年，她的孩子渐渐长大了，能替她伺候老人的饮食，才使她偶尔能够休息一下，看着儿女逐渐长大又这么孝顺，常玉英心里得到一丝慰藉。

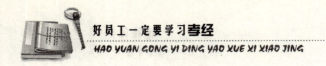
榜样的力量是无穷的，陈思浩和常玉英的一言一行都感染了他们的子女。陈广是老大，在村办耐火厂当推销员，经常在外边跑，每当向别人谈起他的家庭时，都非常自豪。他的媳妇高红梅还未过门时，就嚼食喂他奶奶，并帮助梳洗头发。如今，陈家的14口人，尽管有的外嫁他乡，但从未与他们的家人吵过嘴，对老人照顾得更是周到，全都在当地被评为五好家庭。

陈思浩一家人尊老敬老的事已经成为当地乡亲的一面镜子。陈家村自解放以来，全村从没有发生过刑事犯罪案件，村民打架斗殴、酒后滋事、不赡养老人等现象从没有发生过，至今，这个村庄仍是全区唯一没设调解委员会的村。

生事爱敬，死事哀戚，生民之本尽矣，死生之义备矣，孝子之事亲终矣。

【经言札记】

父母在世时要孝敬，父母去世以后也要时常表现出思念和尊敬。孝敬父母不是一时地在口上说说，而是一个人一辈子的事情。

【故事演绎】

火未焚庐

章溢，字三益，号匡山，别号损斋，明朝浙江龙泉人。他的才华和人品深得知府秃坚不花的欣赏。

一次，他们在去秦中的路上，章溢突然心有余悸，内心忐忑不安，料想家中可能有事，就辞别秃坚不花回家。到家后不久，父亲就病逝了。在料理后事的时候，家里又遭了火灾。章溢为了保护住父亲的灵柩，不顾自己的人身安全，在熊熊大火边叩头祈天。火被乡亲们扑灭了，一点也没有烧到灵柩。后来，贼寇作乱，洗劫龙泉。章溢把乡亲们组织起来保护家乡，官府也派兵追杀贼寇。可章溢却说："这些贼寇以前都是平民百姓，只因无以为生、饥饿难忍，才落草为寇的。所以，具体情况具体分析，不能全部都杀了。"官府听了他的意见，开始贴告示安抚饥民。

章溢56岁的时候，他母亲去世，他因悲哀过度，深染疾病而逝世。

双亲的去世并不代表着孝的完结。父亲去世后的奋不顾身和母亲去世后的哀伤而逝，都证明了章溢是一个至孝之人，虽然逝者已死，生者应该节哀，但是孝子的心境有几个人能够真正体会呢？

双鹤助哀

吴隐之，字处默，晋代濮阳鄄城人，他容貌很美，善言谈，广泛涉猎文史，以儒雅著称。他小时候就很独立，有操守，绝不吃不属于自己的饭食。虽然家里穷，但他绝不拿不义之财。在他10多岁时，父亲去世了。他悲痛的哭声，引得过路的行人都心酸流泪。从此，他侍奉母亲更加孝顺谨慎，母亲去世时，他哀伤的表现甚至超越了礼制的规定，可见他孝顺程度之高。

他家里很贫穷，没有钱请人吹鼓，每当他哭吊母亲时就有两只仙鹤前来鸣叫。到母亲丧期进行祭祀的那天傍晚，又有一群大雁会集在他家附近。当时的人们都认为是他的孝心感动天地所致。他家与掌管祭祀礼乐的太常韩康伯为邻，韩母每听到吴隐之的哭声，也就跟着难过得吃不下饭，并告诫儿子："你以后当官，一定要推举像吴隐之这样的孝子啊！"果然，韩康伯后来做了吏部尚书，就引荐吴隐之做了辅过功曹。

亲人去世的悲哀是旁人无法劝解的，也是自己无法释怀的。父母的养育之恩是做子女的一辈子也谢答不完的。所以，对生者尽孝、对死者尽哀，哀伤虽然无法减弱，但是遗憾却可以降到最低。

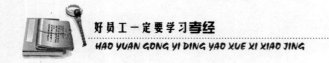
先试针灸

庚沙弥，南朝时期颍川鄢陵人，晋代司空庚冰的玄孙。他的继母刘氏得了重病，卧床不起已经很久了。庚沙弥就像侍奉自己的亲娘一样，细心照料，不分昼夜。每次在给继母针灸治病时，庚沙弥都要先在自己的身上试针，以免出现意外情况。继母病逝后，他异常伤心，好几天茶米不入口。开始就吃点大麦面糊，之后，他才吃些稀饭，服丧期间他不吃盐酱。他冬天不穿棉衣服，夏天也不脱丧服，从不出家门，日夜痛哭，他坐的草垫也被泪水浸湿而腐烂了，邻居们都不忍心听到他的哭声。

继母生前特别喜欢吃甘蔗，他为了纪念继母，以后就不吃甘蔗。他的孝心孝行受到了朝廷的表彰。梁武帝很欣赏他，让他做了县令。后来，他的生母也去世了，他护送生母的灵柩回家乡，途中需要坐船。当船驶到江中流时忽然刮起狂风，巨浪猛扑过来，眼看船就要翻了。庚沙弥悲痛欲绝，抱着母亲的灵柩失声痛哭。浪竟然退去了，风也停了，他们的船只安稳地驶向家乡。

死去的亲人不被遗忘，想来也是种幸福。死是对生的一种考验，只有真正的孝子才能经受得住这种考验！

儒正领导力

学儒家思想　增领导智慧

讲师　孙虹钢

新生代儒学管理专家，著名媒体评论人

清华大学人文社科学院中国管理研究中心研究员

太极管理大师许文胜先生顾问团队成员

北京博士德管理顾问有限公司资深顾问

有着国学童子功，20多年财经传媒的观察心得，多家著名企业及NASDAQ上市公司高管的体验和感悟……孙虹钢老师总结出了一套"国学智慧之道为体，西方管理之法为用"的儒学管理体系，帮助管理者领悟长治久安、持续发展之道，修身、齐家、治国、平天下之法。

主要授课对象

一、高校总裁班，EMBA班

人民大学，清华大学，北京大学，浙江大学，中山大学，复旦大学，同济大学，上海交大，江西财大，山东大学，西北大学，四川大学，西南财大……

二、党政机关、企事业单位、社会培训机构高管班

泰州市委，常州市委，宜昌市委，苏州市政府，厦门党校，全

邮箱：zbz159@vip.sina.com　联系电话：010-68487630　手机：13910873125

国人大深圳培训中心，江苏省妇联，浙江省个私（民营）企业协会，北京城市规划设计院，航天集团三院，宝钢集团，首钢集团，莱钢集团，大唐集团，中国石油，中国石化，中国电信，美的集团等等。

课程概要

儒家思想传承两千多年，说是"一家之言"，其实融合了诸子百家的智慧，是中国文化的正统，其中仁、义、信等很多理念也成为人类普世价值观。

儒家思想认为社会各阶层的人都应该各安其命，不怨天，不尤人，"贫而乐，富而好礼"（孔子语），坚守本分和正道。要求"士"（即今天的公务员、职业经理人）必须首先修身，而后齐家，才能担负治国、平天下的重任。孔子说："士不可以不弘毅，任重而道远。"这对于今天各个政府、企业组织的人才管理，尤其是职业经理人的教育和培养，有很强的借鉴意义。

当前，从中国到世界，"融合"、"和谐"成为主流价值观，这都出自儒家的"君子和而不同"，"忠恕"，"中庸"等理念。企业和组织的文化融入、运用这些理念，就能够提升其凝聚力，做久、做大、做强。

孙虹钢老师秉承知行合一、革故鼎新之理念，将儒家经典《大学》、《中庸》、《论语》、《孟子》等内容精髓梳理成体系，与古今中外优秀领导人的案例相融合，将深邃的儒家思想与组织、企业管理实际相结合，独创性地打造出儒家管理课程——"儒正领导力"。学习该课程，不仅能帮助学员领悟儒家思想的智慧，还能系统化地加以掌握和运用，内明外用，知行合一，理论联系实际，解决实际问题。

课程内容

(一)儒之正统

儒家思想为什么会成为正统思想并传承2000多年至今？儒家思想对企业战略、个人成长，有怎样的现实意义？

(二)三纲，儒领导力的核心

领导者最重要的使命，只是三件事：明明德，亲民，止于至善。这也是古今中外所有领导力理论的灵魂。明明德，就要师出有名，战略必须符合天道，而后显现为人所共识的常识。能得到人民拥戴，易执行，可持续。

(三)八目，领导者的成长

领导者的成长，必经四个台阶：格物致知，诚意正心，修身齐家，治国平天下。

以儒家思想为指导的两千年王朝管理经验，包括治理模式、决策体系、组织体系、人才体系（以科举为核心，包括考、试、举、荐等），充满智慧，有很多方法值得深入研习、借鉴。

儒家思想的持续影响力

海尔集团创始人张瑞敏：有一次，张瑞敏在哈佛大学演讲，与会者问他："总裁先生，你把中国的海尔经营得那么成功，请问你有哪些秘诀？"张瑞敏说："我请了三位著名的老师，是他们教我如何成功的，第一位老师是老子，老子教会我战略性的思考；他说我的第二位老师是孙子，孙子教会我策略性的思考，是战术；我的第三位老师是孔子，孔子教会我做人做事的道理。"

联想集团创始人柳传志："我们希望做一个没有家族的家族企业，为什么提到家族企业呢？因为家族企业最容易让继任者有事业心，这是我们家里的事业，所以就会有更长远的规划和发展。"

海南航空集团要求所有员工阅读《中国传统文化导读》，高级管理干部都要读《大学》。集团创始人陈峰认为做企业要"以德养身、以诚养心、以义治利"。

1969年，已74岁的松下幸之助在日本青年会议所资深俱乐部总会的演讲中认为，日本之所以有战后的重建和复兴，就在于"孔子哲学和日本传统精神"。

索尼公司创始人之一、有"日本爱迪生"之称的盛田昭夫说："这个世界就在我们的掌握之中，挑战是巨大的，成功则要靠我们的意志力去争取。但中国的古典哲学和孔子的《论语》是我们的指路灯。"

截至目前，中国孔子学院总部已向世界150多个国家派出汉语教师和志愿者近4000人，并先后为40多个国家和地区培训了2万多名汉语教师。

媒体评论人

网易、新浪财经VIP博客，被《成功营销》杂志评为"2006中国10大财经名博"之一

电台、电视台嘉宾：CCTV"对话"、"大家看法"、"财经下午茶"，东方卫视"头脑风暴"，BTV"名人堂"，凤凰卫视"一虎一席谈"……

腾讯财经、《新华航空》、《深圳航空》、招商银行《招银财富》等专栏作家

著书

《易经与策略》，《你为什么感到社会不公平》，《与巴菲特共进午餐》，《索罗斯投资理财22大绝招》，《要努力的工作，更要聪明的工作》，《名家对话职场7方面》，《工作就是生意》。

欢迎课程预定

请与博士德及各地分支机构联络：

北京公司(市场部)	010-68487640(转217)	15901445052 赵　敏
		18910377556 李　让
杭州分公司	0571-88355820	13758165372 胡老师
华南代表处	0755-86320595	13723742574 贺老师
临沂代表处	0539-8218259	18769978257 马老师

邮箱：zbz159@vip.sina.com　联系电话：010-68487630　手机：13910873125